오픈아이

설민석의 초등 한국사 4

근대편

우리 아이를 둔 학부모님께

사랑하는 우리 아이를 둔 아버님, 어머님 안녕하십니까.
우리의 역사를 보다 재미있고 쉽게, 널리 알리고자 노력하고 있는
설민석입니다.

그동안 초·중등 대상 학습 교재와 강의에 대한 많은 문의가 있었습니다.
오랫동안 시장 조사와 교재 및 강의를 연구한 끝에 설민석의 오픈아이
초등 한국사 시리즈로 인사드리게 되었습니다.

교과서는 물론, 시중의 학습 교재와 강의의 장단점을 철저히 분석하여
장점은 극대화하고 단점은 최소화하였습니다.
단순히 지식만을 담아 초·중등학교 시험 대비로 그치는 것이 아니라 실제
역사 속 인물에 공감하고 하나의 사건을 다양한 시각으로 볼 수 있는 단원도
따로 구성하였습니다. 역사 논술은 물론 삶의 지혜까지 담은 훌륭한 교재를
만들려고 노력하였습니다.

학습 만화, 소설, 강연 등을 통해 전달해 드렸던 재미와 감동을
이제는 초등 학습서와 강의로 전하고자 합니다.
설민석의 오픈아이 초등 한국사를 통해 우리 아이와 함께 밝은 미래를
그려나가겠습니다.

우리아이
오픈아이
단꿈아이

이 책의 구성과 특징

1

또 다른 모험의 시작

한국사 대모험 시리즈에 등장하는 인물을
통해 우리 한국사를 공부하는 이유를
애니메이션으로 표현한 코너입니다.
한국사 대모험을 통해 가슴에 의식을
담았다면, 설민석의 오픈아이 초등 한국사는
여러분의 머릿속에 지식을 담아줄 것입니다.

2

오픈아이

베스트셀러인 한국사 대모험 시리즈의
주인공들이 시간 여행을 떠나면서 단원별
핵심 주제와 관련된 일화를 애니메이션으로
표현하였습니다.
6컷 만화가 우리 아이의 흥미를 유발하여
공부를 재미있게 할 수 있도록 도와줍니다.
강의에서는 움직이는 무빙툰 영상으로
제작되어 찾아갑니다.

③ 한판 정리

한판 정리는 초·중등 교육과정과 교과서, 한국사능력검정시험 기본편을 완벽하게 분석하여 단원별 핵심을 한눈에 볼 수 있도록 정리하였습니다.

초·중등 시험과 한국사능력검정시험에 최적화된 핵심 요약을 실제 설쌤의 강의와 함께 정리할 수 있습니다.

④ 설쌤의 한국사 스토리텔링

설쌤의 강의를 들은 후 스스로 복습할 때 이해를 돕고자, 실제 설쌤의 강의를 줄글로 옮겨 두었습니다. 현행 교과서는 역사적 사실을 짧고 간결하게 서술하고 있습니다. 그래서 우리 아이가 학교 교과서로 공부할 때 이해하기 어려운 부분을 설민석의 오픈아이 초등 한국사에서 모두 풀어 설명해 드립니다. 실제 설쌤의 음성 지원 효과와 함께 학습할 수 있습니다.

5

자료보기

초·중등 교과서와 한국사능력검정시험에 나오는 자료 중 현행 교육과정에서 다루는 필수적인 자료를 수록하였습니다. 또한 우리 아이의 흥미를 높이고자 단원별 핵심 장면을 애니메이션 형식으로 넣었습니다. 단순히 자료를 확인하는 것이 아닌, 설쌤의 강의를 들으며 함께 살펴볼 수 있습니다.

개념 정리를 넘어 필수 자료까지 설민석의 오픈아이 초등 한국사를 통해 정리해 보세요.

6

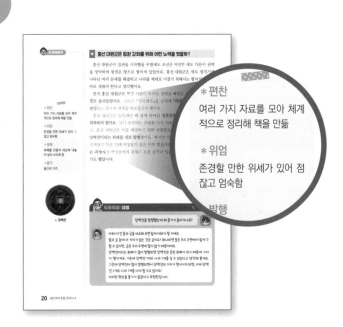

더 알아보기

한국사 공부를 어렵게 하는 생소한 단어에 대한 설명을 풀어서 설명해줍니다.

또한, 이해를 돕기 위한 추가 자료(역사적 사료, 사진 자료 등)를 수록하여 우리 아이가 학습하는데 큰 도움을 줄 것입니다.

7

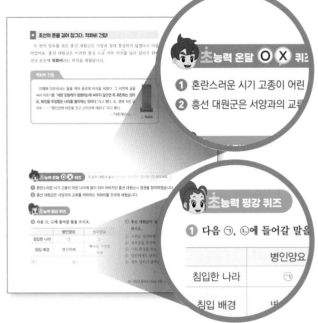

초능력 온달 O, X 퀴즈

초등학교·중학교 교육과정에 명시된 핵심 주제를 바탕으로, 실제 학교 시험에 나오는 중요한 포인트를 O, X 퀴즈 형식으로 제작하였습니다.

초능력 평강 퀴즈

실제 학교 시험 문제와 동일한 유형과 난이도로 제작한 초능력 평강 퀴즈는 우리 아이가 학교 시험을 대비할 수 있도록 도와줍니다.

8

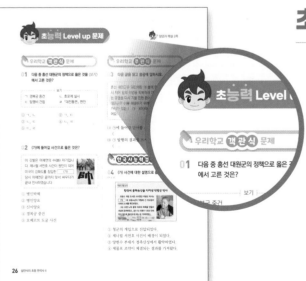

초능력 Level up 문제

단원별 학습 내용을 바탕으로 자체 제작한 객관식, 주관식 문제를 풀어보며 개념을 되짚어 볼 수 있습니다.
또한, 실제 한국사능력검정시험, 대학수학능력시험문제를 풀어보며 시험에 대한 실전 감각을 높일 수 있도록 도와드립니다.

이 책의 구성과 특징

9

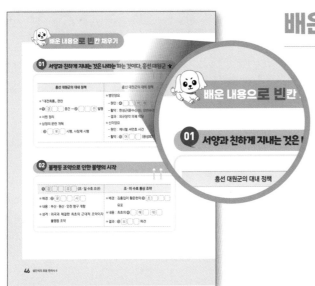

배운 내용으로 빈칸 채우기

대단원이 마무리될 때, 앞서 배운 핵심 개념에 대한 빈칸 채우기를 하며 내용을 되짚어 볼 수 있습니다.

단순히 읽고 끝나지 않도록, 머릿속에 지식을 채워 넣을 수 있는 복습의 기회를 제공해 드립니다.

10

설쌤의 지식 오픈!

배운 대단원과 관련된 인문학 지식을 소개하고 그와 관련된 생각을 자유롭게 적어볼 수 있습니다.

현행 교육과정에서는 알기 어려운 다양한 역사 관련 이야기가 수록되어 있습니다.

설쌤의 지식 오픈을 통해 우리 아이의 인문학적 지식을 넓혀 드립니다.

11

역사논술

지식의 습득도 중요하지만, 사고력을 높이는
것도 중요합니다.
역사논술 코너는 역사적 사실을 바탕으로
우리 아이의 생각을 논리적으로 서술할 수
있는 능력을 길러 줄 것입니다.

12

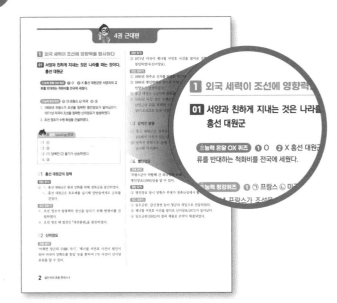

정답과 해설

퀴즈와 문제는 정답을 맞혔다고 하더라도
우리 아이가 정확하게 알고 풀었는지 한 번 더
확인해보아야 합니다.
친절한 해설을 통해 이해되지 않았던 부분도
완벽히 이해하여 내 것으로 만들 수 있도록
도와줍니다.

이 책의 차례

4권 근대편

3 나라를 지키려는 운동이 전개되고 근대 문물이 유입되다

정답과 해설

또 다른 모험의 시작

설쌤~ 배고파요! 우리 밥 먹으러 가요~

그러면 설쌤! 밥도 먹을 겸 아버지께 인사드리고 갈까요?

좋아! 그러자!

모두들 무사히 잘 다녀왔느냐?

네! 설쌤과 유익한 시간을 보내고 왔어요!

공부하면서 어려운 점은 없었느냐? 역사라는 과목이 어려웠을 텐데…

설쌤과 함께라면 쉽고 재미있게 공부할 수 있어요! 심지어 역사 논술도 배우는걸요?

아니, 논술까지! 설 박사! 그대의 한계는 도대체 어디란 말인가!

모두 온달이가 열심히 따라와 준 덕분입니다.

잠깐!

온달이가 평강의 신랑이 된다면 장차 이 나라를 다스리게 되는 겁니까?

그렇소! 무슨 문제라도 있소?

나라를 다스리는데 굳이 역사 공부가 필요한지 생각해 봐 주십시오. 옛날이야기에 불과한 역사가 나라를 다스리는 것과 무슨 관계가 있을까요?

음

1 "외국 세력이 조선에 영향력을 행사하다"

오픈아이

설쌤! 근대로 떠나는 여행도 기대돼요!

흥선 대원군이 집권했던 시기는 어떤 모습일까요?

가서 확인해 보자!

설쌤! 누가 무덤을 파고 있어요!

가서 말려야 하는 거 아니에요?

저 무덤은 흥선 대원군 아버지인 남연군의 무덤인데, 도굴 시도는 결국 실패한단다.

무덤에는 비밀이 숨겨져 있거든! 이건 강의에서 말해줄게!

강의는 어디서 봐요?

검색창에 '오픈아이'를 검색하면 강의를 볼 수 있는 사이트가 나와!

완전 재미있겠어요!

물론! 재미에 지식까지 담았지! 뒷일은 다른 사람에게 맡기고 이제 떠나볼까?

네! 설쌤!

 흥선 대원군의 집권과 정책

흥선 대원군의 개혁 정책	
집권	• 고종이 어린 나이에 왕위에 오름 → 아버지인 흥선 대원군이 권력을 잡음
왕권 강화	• 다양한 인재 등용 • 『대전회통』 편찬 • 경복궁 중건 → 당백전 발행
민생 안정	• 서원 정리 • 삼정의 문란 개혁 : 호포제 시행, 사창제 시행

한판 정리

☆ 흥선 대원군의 통상 수교 거부 정책

1866

병인박해	제너럴 셔먼호 사건	병인양요
흥선 대원군이 프랑스 신부와 천주교도를 처형	미국의 배가 평양에 들어와 난동을 피우다 불에 탐	• 병인박해를 빌미로 프랑스가 침략 • 한성근(문수산성), 양헌수(정족산성) 활약 • 외규장각 의궤 약탈

1868   1871

오페르트 도굴 사건	신미양요	척화비 건립
독일 상인 오페르트가 남연군 묘를 도굴하려다 실패함	• 제너럴 셔먼호 사건을 빌미로 미국이 침략 • 어재연(광성보) 활약	

흥선 대원군의 개혁 정책에 대해 알아봅시다

✱ 흥선 대원군은 어떻게 권력을 장악하게 되었을까?

정조가 세상을 떠난 이후, 그의 아들이었던 순조가 어린 나이로 왕이 되었어요. 이때부터 안동 김씨·풍양 조씨 등 특정 가문이 왕실과의 혼인을 통해 권력을 장악하는 세도 정치*기가 시작되었고, 이는 헌종, 철종까지 60여 년 동안 지속되었어요.

그러던 중 철종의 뒤를 이을 왕이 없자, 당시 왕실의 큰 어른이었던 조 대비는 다음 왕위를 이을 왕족을 찾았어요. 세도 가문의 눈을 피해 아들을 왕으로 만들기 위해 기회를 엿보고 있던 흥선 대원군은 때를 놓치지 않고 자신의 둘째 아들을 왕으로 세우는 데 성공했고, 그가 바로 고종이에요.

이때부터 **12살의 어린 나이로 왕이 된 고종을 대신해 흥선 대원군이 정치를 주도해 나가는 흥선 대원군 집권*기가 시작**되었답니다.

✱ 세도 정치
소수의 외척(어머니 쪽의 친척) 세력이 권력을 잡고 마음대로 하는 정치

✱ 집권
권세나 정권을 잡음

대원군
조선 시대에 왕의 뒤를 이을 자손이 없어 왕족 중 한 명이 왕이 되었을 때, 왕의 아버지를 말해요. 즉 아버지는 왕이 아닌데, 그 자식이 왕이 되었을 때 왕의 아버지에게 주던 칭호랍니다.

▲ 흥선 대원군

✱ 흥선 대원군은 왕권 강화를 위해 어떤 노력을 했을까?

흥선 대원군이 집권을 시작했을 무렵에도 조선은 여전히 세도 가문이 권력을 장악하며 왕권은 땅으로 떨어져 있었어요. 흥선 대원군은 세도 정치기에 나타난 여러 문제를 해결하고 나라를 제대로 이끌기 위해서는 떨어진 왕권을 바로 세워야 한다고 생각했어요.

먼저 흥선 대원군은 특정 가문이 차지한 권력을 빼앗고, **다양한 인재를 궁궐로 불러들였어요.** 그리고 『경국대전』을 수정해 『대전회통』이라는 법전을 **편찬**하고 국가의 체제를 바로잡고자 했지요.

흥선 대원군은 임진왜란 때 불에 타버린 **경복궁을 다시 지어 왕의 위엄을 회복하려 했어요.** 당시 조선에는 궁궐을 다시 지을 만한 돈이 넉넉하지 않았고, 흥선 대원군은 이를 해결하기 위해 상평통보보다 100배의 가치가 있는 **당백전이라는 화폐를 새로 발행**했어요. 하지만 이는 물가가 올라가는 결과를 가져왔고 이로 인해 백성들의 삶은 더욱 힘들어졌어요. 또 경복궁을 다시 짓는 과정에서 백성들에게 강제로 돈을 걷거나 일을 시켜 백성들의 원망을 사기도 했답니다.

✱편찬
여러 가지 자료를 모아 체계적으로 정리해 책을 만듦

✱위엄
존경할 만한 위세가 있어 점잖고 엄숙함

✱발행
화폐를 만들어 세상에 내놓아 널리 쓰도록 함

✱물가
물건의 가격

▲ 당백전

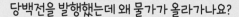
도와줘요! 설쌤

> 당백전을 발행했는데 왜 물가가 올라가나요?

아하! 이건 돌과 금을 비교해 보면 쉽게 이해가 될 거예요.
돌과 금 중에 더 가치가 있는 것은 금이죠? 왜냐하면 돌은 우리 주변에서 쉽게 구할 수 있지만, 금은 우리 주변에 많지 않기 때문이에요.
당백전이라는 화폐가 많이 발행되면 당백전은 흔한 화폐가 되기 때문에 가치가 떨어져요. 기존에 당백전 1개로 사과 1개를 살 수 있었다고 생각해 볼게요.
그런데 당백전이 많이 발행되면서 당백전의 가치가 떨어지게 되면, 이제 당백전 2개로 사과 1개를 사야 할 수도 있어요!
이러한 현상을 물가가 올랐다고 표현한답니다.

✱ 흥선 대원군은 민생 안정을 위해 어떤 노력을 했을까?

세도 정치기 관리들의 수탈로 백성들은 엄청난 고통을 받고 있었어요. 그래서 흥선 대원군은 이를 해결하려고 노력했어요.

먼저 성리학자들이 공부하던 지방의 **서원을 정리**하기 시작했어요. 유학자의 제사를 지내고, 그 제자들이 공부하던 서원이 시간이 지나면서 세금을 면제받고 백성들을 괴롭히는 곳으로 변질되었기 때문이에요.

또한 흥선 대원군은 그동안 백성을 괴롭히던 삼정의 문란을 해결하기 위한 정책을 펼치기도 했어요. 그동안 양반은 내지 않던 **군포를 양반에게도 내도록 하는 호포제를 시행**해 양반의 특권을 없앴어요. 그리고 환곡 때문에 고통받는 백성을 위해 마을마다 **백성들이 스스로 곡식 창고를 운영하도록 하는 사창제를 실시**했어요. 이를 통해 환곡을 이용한 탐관오리의 수탈을 막을 수 있었어요.

이러한 흥선 대원군의 개혁 정책들은 백성의 지지를 받기도 했지만, 양반들의 큰 불만을 사기도 했답니다.

✱수탈
강제로 빼앗음

✱변질
성질이 달라짐

✱탐관오리
백성의 재물을 탐내어 빼앗고 행실이 깨끗하지 못한 관리

서원
지방에서 학자들이 모여 성리학을 공부하고 유학자들에게 제사를 지내던 사립 교육 기관이에요.

삼정의 문란
세도 정치기에 탐관오리들은 당시 세 가지 세금에 해당하는 삼정(전정, 군정, 환곡)을 정해진 양보다 훨씬 많이 거두어 이익을 챙겨 갔고, 그로 인해 백성의 삶이 힘들어졌어요.

환곡
환곡은 가난한 농민을 돕기 위해 관청에서 봄에 곡식을 빌려 주고 가을에 이자를 붙여 갚도록 한 제도예요. 하지만 조선 후기 탐관오리들은 모래가 섞인 곡식을 빌려 주거나 억지로 곡식을 빌려주고 비싼 이자를 받는 등 환곡을 이용해 백성을 괴롭혔어요.

설쌤의 한국사 스토리텔링

흥선 대원군의 통상 수교 거부 정책에 대해 알아봅시다

* 19세기 조선 밖은 어떤 상황이었을까?

19세기 무렵 조선 밖에서는 어떤 일이 일어나고 있었을까요? 서양의 여러 나라는 동아시아에 쳐들어와 자신들과 무역할 것을 강요했어요. 조선과 가까운 청과 일본도 문을 열고 서양의 제도, 문화 등을 받아들였지요.

청과 일본의 문을 여는 데 성공한 서양의 나라들은 조선에도 관심을 가지고 접근하기 시작했어요. 과연 흥선 대원군은 조선의 문을 열고 서양의 문화를 받아들였을까요?

* 프랑스는 왜 조선에 쳐들어왔을까?

조선 후기부터 퍼지기 시작한 천주교는 사람은 모두 평등하다는 사상을 가지고 있어 신분제 사회였던 조선 정부의 탄압*을 받아왔어요.

*탄압
권력이나 무력 따위로 억지로 눌러 꼼짝 못 하게 함

1866년 홍선 대원군이 집권할 때도 천주교를 탄압했고, 그 결과 프랑스 신부와 천주교 신자들이 죽는 일이 일어났어요(병인박해). 이 소식을 들은 프랑스는 병인박해를 빌미로 군대를 보내 강화도로 쳐들어왔는데, 이를 병인양요라고 해요.

프랑스의 공격을 받은 조선은 깜짝 놀랐어요. 서양 국가와 싸움을 해본 적이 없었을뿐더러 서양의 총, 대포는 그동안 조선군이 봤던 무기와는 차원이 달랐기 때문이에요. 그럼에도 조선군은 프랑스군에 물러서지 않고 용감히 맞섰는데 **문수산성에서 한성근이, 정족산성에서 양헌수가 목숨을 걸고 싸워 승리**를 거둔 거예요. 결국 프랑스군은 조선을 공격하는 것을 포기하고 돌아갔는데, 그 과정에서 **조선 왕실의 중요한 문화재인 외규장각 의궤를 빼앗아갔어요.**

✱ 무덤을 파헤친 서양인? 커져가는 서양에 대한 분노!

병인양요로 서양 세력에 대한 반감*이 높아졌을 무렵, 독일 상인 오페르트가 홍선 대원군의 아버지인 남연군의 묘를 파헤쳐 시신을 꺼내려 한 사건이 일어났어요(오페르트 도굴 사건). 홍선 대원군을 협박해 조선과 교역*을 하고자 했던 것이었죠.

오페르트 일당이 무덤을 파헤치는 도중 백성들에게 들켜 실패로 끝나기는 했지만, 이 사건 이후 홍선 대원군과 백성들은 서양 세력을 더욱 멀리하게 되었답니다.

더 알아보기

✱ 빌미
재앙이나 탈이 생기는 원인

의궤
나라의 중요한 행사 등 큰일이 있을 때 그 과정을 글과 그림으로 기록한 책이에요. 병인양요 이후 프랑스 국립 도서관에 보관되어 있던 외규장각 의궤는 박병선 박사의 노력으로 2011년에 빌려 오는 형식으로 우리 품으로 돌아왔어요.

✱ 반감
반대하거나 반항하는 감정

✱ 교역
나라와 나라 사이에서 물건을 사고팔며 서로 바꿈

*통상
나라와 나라 사이에 물품을
사고파는 일 또는 그런 관계

▲ 어재연 장군의 수(帥) 자기
신미양요 때 미국이 빼앗아 갔다가
2007년에 우리나라로 돌아왔어요.

✳ 미국은 왜 조선에 쳐들어왔을까?

1866년 이상하게 생긴 배 한 척이 평양의 대동강에 나타났어요. 이 배의 이름은 제너럴 셔먼호로, 미국이 조선에 통상을 요구하며 보낸 것이었어요. 조선이 이를 거부하자 미국인들은 배에서 총과 대포를 쏘며 평양에서 난동을 부렸고, 그러자 **평양의 관리였던 박규수와 백성들이 제너럴 셔먼호를 불태워 버렸어요(제너럴 셔먼호 사건)**.

그로부터 5년 후인 1871년, **미국은 제너럴 셔먼호 사건의 책임을 묻는다며 강화도를 침략했는데, 이를 신미양요**라고 해요. 프랑스가 침입했을 때와 마찬가지로 조선군은 미국의 새로운 무기에 큰 피해를 입었지만, **광성보에서 어재연**이 목숨을 걸고 미국에 맞섰어요. 어재연이 이끌던 조선군은 전투 도중 무기가 떨어지면 흙과 돌을 던지며 싸웠다고 해요.

결국 미국은 전투에서 승리하긴 했지만, 조선군의 저항에 못 이겨 강화도에서 스스로 물러났답니다.

✽ 조선의 문을 걸어 잠그다, 척화비 건립!

더 알아보기

두 번의 양요를 겪은 흥선 대원군은 서양과 절대 통상하지 않겠다고 마음 먹었어요. 흥선 대원군은 이러한 통상 수교[*] 거부 의지[*]를 널리 알리기 위해 전국 곳곳에 **척화비**라는 비석을 세웠답니다.

*수교
나라와 나라 사이에 교제를 맺음

*의지
어떠한 일을 이루고자 하는 마음

척화비 건립

이때에 이르러서는 돌을 캐어 종로에 비석을 세웠다. 그 비면에 글을 써서 이르기를 "서양 오랑캐가 침범하는데 싸우지 않으면 즉 화친하는 것이요, 화친을 주장함은 나라를 팔아먹는 짓이다."라고 했다. 또, 옆에 작은 글자로 …… "병인년에 비문을 짓고 신미년에 세운다."라고 했다.

– 『대한계년사』 –

▲ 척화비

🔵 초능력 온달 ⭕❌ 퀴즈   이 글의 내용과 일치하면 O표, 일치하지 않으면 X표 해보세요.

① 혼란스러운 시기 고종이 어린 나이에 왕이 되자 아버지인 흥선 대원군이 정권을 장악하였습니다. (ⓞ , ⓧ)
② 흥선 대원군은 서양과의 교류를 허락하는 척화비를 전국에 세웠습니다. (ⓞ , ⓧ)

🔵 초능력 평강 퀴즈

① 다음 ㉠, ㉡에 들어갈 말을 쓰시오.

	병인양요	신미양요
침입한 나라	㉠	㉡
침입 배경	병인박해	제너럴 셔먼호 사건

㉠ :   ㉡ :

② 흥선 대원군이 실시한 정책으로 옳지 <u>않은</u> 것을 고르시오. (   )

① 서원을 정리하였다.
② 경복궁을 중건하였다.
③ 수원 화성을 건설하였다.
④ 양반에게도 군포를 부과하였다.
⑤ 세도 정치기 권력을 누린 세력을 억눌렀다.

🔵 정답과 해설 2쪽

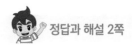 정답과 해설 2쪽

우리학교 객관식 문제

01 다음 중 흥선 대원군의 정책으로 옳은 것을 〈보기〉에서 고른 것은?

┌─────── 보기 ├───────
ㄱ. 경복궁 중건   ㄴ. 호포제 실시
ㄷ. 탕평비 건립   ㄹ. 『대전통편』 편찬
└──────────────────

① ㄱ, ㄴ   ② ㄱ, ㄷ
③ ㄴ, ㄷ   ④ ㄴ, ㄹ
⑤ ㄷ, ㄹ

02 (가)에 들어갈 사건으로 옳은 것은?

이 깃발은 어재연의 수(帥) 자기입니다. 제너럴 셔먼호 사건이 원인이 되어 미국이 강화도를 침입한 ___(가)___ 당시 어재연은 끝까지 맞서 싸우다가 끝내 전사하였습니다.

① 병인박해
② 병인양요
③ 신미양요
④ 경복궁 중건
⑤ 오페르트 도굴 사건

우리학교 주관식 문제

03 다음 글을 읽고 물음에 답하시오.

흥선 대원군은 임진왜란 때 불에 타버린 경복궁을 다시 지어 왕의 위엄을 회복하려 하였어요. 당시 조선에는 궁궐을 다시 지을 만한 돈이 넉넉하지 않았고, 흥선 대원군은 이를 해결하기 위해 상평통보보다 100배의 가치가 있는 (㉠)(이)라는 화폐를 새로 발행하였어요.

(1) ㉠에 들어갈 단어를 쓰시오.
  (   )
(2) ㉠ 발행의 결과를 쓰시오.
  (   )

한국사능력검정시험

04 (가) 사건에 대한 설명으로 옳은 것은?

기본 61회

이달의 인물 소개
한국의 문화유산을 지켜낸 박병선 박사

프랑스 국립 도서관 사서였던 박병선 박사는 ___(가)___ 때 프랑스군이 약탈해 간 외규장각 의궤의 소재를 확인하였다.
그는 오랜 노력 끝에 의궤의 목록을 만들어 세상에 공개하였고, 2011년 의궤가 145년 만에 우리 땅으로 돌아오게 하는 데 기여하였다.

① 청군의 개입으로 진압되었다.
② 제너럴 셔먼호 사건이 배경이 되었다.
③ 양헌수 부대가 정족산성에서 활약하였다.
④ 제물포 조약이 체결되는 결과를 가져왔다.

정답과 해설 3쪽

19세기 흥선 대원군이 집권했을 때 주변 나라인 청과 일본은 서양과 교역을 했지만, 흥선 대원군은 교역을 하지 않고 통상 수교 거부 정책을 펼쳤습니다. 만약 내가 흥선 대원군이었다면 교역에 관해 어떤 선택을 할 것인지를 밝히고 그 이유를 서술해 보세요.

1876년   1882년

강화도 조약 체결   조·미 수호 통상 조약 체결

오픈아이

설쌤! 우린 미국과 언제부터 교역하기 시작했나요?

1882년부터야!

그럼 우리 그때로 가볼까?

저분은 누구신가요?

러시아를 막기 위해선 청과 친하게 지내고, 일본과 관계를 맺고, 미국과 연합하라…

저분은 김홍집이야. 조선책략을 읽고 있네!

그런데요, 설쌤! 러시아를 막으려면 꼭 청과 친하게 지내야 하나요? 청과는 이미 병자호란 이후 군신 관계를 맺고 있는데, 더 친할 것이 있나요?

온달이가 똑똑해졌네!

일본과 관계를 맺다니요? 일본은 임진왜란을 일으킨 우리의 원수잖아요!

그리고 미국은 모르는 나라잖아요! 모르는 나라와 어떻게 연합해요?

대단하구나! 온달이와 똑같은 생각을 가진 사람들이 있었단다.

이보시오. 나와 생각이 너무 똑같구려! 당신들도 영남 지방에서 왔소?

안 되겠다! 얘들아! 떠나자!

저희는 고구…

*영남 지방 : 오늘날 경상도를 뜻함

한판 정리

조선의 개항

	강화도 조약(조·일 수호 조규)	조·미 수호 통상 조약
배경	• 운요호 사건	• 김홍집이 황준헌의 『조선책략』 유포
내용	• 부산·원산·인천 항구 개항 • 해안 측량권, 치외 법권 등	• 최초의 최혜국 대우 • 치외 법권 등
성격	• 조선이 외국과 맺은 최초의 근대적 조약이자 불평등 조약	• 조선이 서양과 맺은 최초의 근대적 조약이자 불평등 조약 • 체결 이후 보빙사 파견

조선의 개항 과정에 대해 알아봅시다

더 알아보기

✱ 강화도에 또다시 나타난 외국의 배?

흥선 대원군이 집권하던 시기도 점차 막을 내리게 됩니다. 어린 나이에 왕이 되었던 고종이 성인이 되어 직접 정치를 이끌겠다고 나선 것이었지요. 결국 흥선 대원군이 물러나고 고종과 고종의 왕비인 명성 황후가 집권을 시작했어요. 흥선 대원군이 물러나자, 조선 안에서는 서양과 교류하여 나라를 강하게 만들어야 한다는 목소리가 높아졌답니다.

그러던 어느 날 강화도에 또다시 다른 나라의 배가 접근해 왔어요. 바로 일찌감치 미국과 통상하며 서양 문물을 받아들인 일본의 운요호라는 군함✱이었지요. 운요호가 허락 없이 조선의 영해를 침입하자 조선군은 배를 향해 포를 쏘았고, **초지진에서 조선군과 일본의 군함 사이에 전투가 발생했어요. 운요호는 영종도에 내려 불을 지르고 백성들을 죽인 후 돌아갔답니다(운요호 사건, 1875).** 그렇다면 일본은 왜 조선에 운요호를 보내 이러한 일들을 벌인 걸까요?

✱군함
전투에 참여하는 배

❋ 강화도 조약(조·일 수호 조규)의 내용과 성격은 무엇일까?

운요호 사건이 일어난 뒤 얼마 되지 않아 일본은 운요호 사건에 대한 조선의 책임을 물으며 통상 조약*을 맺을 것을 강요했어요. 조선은 이러한 일본의 태도에 화가 났지만, 서양식 무기로 무장한 일본의 요구와 개항해야 한다는 조선 내 주장 등으로 결국 **1876년 조선과 일본 사이에 강화도 조약(조·일 수호 조규)이 체결**되었어요. 이로 인해 조선은 **부산과 원산, 인천의 항구를 차례대로 개항**해 외국의 문물을 받아들였어요.

하지만 강화도 조약에는 조선에 불평등한 내용이 들어있었어요. **일본이 조선의 해안을 제멋대로 측정할 수 있는 해안 측량권과 일본인이 조선에서 범죄를 저지르면 조선이 아닌 일본의 법으로 범죄자를 처벌하도록 하는 치외 법권**의 조항이 있었어요. 일본에 매우 유리한 조항들이었지요.

그렇기 때문에 **강화도 조약은 조선이 외국과 맺은 최초의 근대적 조약이었지만, 조선에 불리한 내용이 담긴 불평등 조약**이었답니다.

*조약
나라와 나라 사이에 맺은 약속

*개항
외국과 통상을 할 수 있도록 항구를 개방함

*측량
지형의 높낮이, 면적 따위를 재는 일

강화도 조약(조·일 수호 조규)

제1관　조선은 자주적인 나라로 일본과 똑같은 권리를 갖는다.

제4관　조선은 부산 외에 두 곳을 개항하고, 일본인이 와서 통상을 하도록 허가한다.

제7관　일본이 자유로이 조선의 해안을 측량하도록 허가한다.

제10관　일본인이 조선 항구에서 죄를 짓거나 조선인과 관계되는 사건은 모두 일본 관원이 심판한다.

개화

서양의 문화와 제도를 받아들이는 것을 말해요.

＊사절단

나라를 대표해 사명을 띠고 외국에 파견되는 사람들

＊연합

여러 단체들을 합쳐서 하나로 만듦

＊주선

일이 잘되도록 여러 가지 방법으로 힘씀

최혜국 대우

앞으로 조선이 어떤 나라와 조약을 체결할 때 다른 나라에게 주는 혜택을 미국에게도 자동으로 준다는 조항이에요.

＊ 『조선책략』이 조선에 끼친 영향은 무엇일까?

강화도 조약으로 굳게 닫혀 있던 조선의 문이 열리면서 조선은 근대식 문물과 문화를 받아들이고 여러 가지 개화 정책을 시행했어요. 조선 정부는 일본에 수신사라는 외교 사절단＊을 보내 일본의 근대 문물을 살펴보고 오도록 했어요. 이때 수신사의 일행 중 한 명이었던 **김홍집은 청의 외교관인 황준헌이 쓴 『조선책략』을 조선에 가져왔는데**, 이 책에는 **조선이 러시아를 막기 위해서는 미국과 연합해야 한다**＊고 적혀 있었어요.

이후 조선은 미국과의 교류에 관심을 두기 시작했고, 청은 러시아를 견제하기 위해 조선이 미국과 수교를 맺을 수 있도록 노력했어요.

＊ 조 · 미 수호 통상 조약의 내용과 성격은 무엇일까?

일본이 조선과 조약을 체결하는 데 성공하자, 미국 역시 조선과의 수교에 관심을 가졌어요. 결국 1882년 청의 주선＊으로 **조 · 미 수호 통상 조약**이 체결되며 조선은 서양 국가인 미국과도 조약을 맺어 교류하기 시작했어요.

조 · 미 수호 통상 조약에는 **치외 법권**과 함께 앞으로 조선이 미국에 **최혜국 대우**를 보장한다는 내용이 포함되어 있었어요. 최혜국 대우를 최초로 규정한 조약으로, 이 역시 미국에 매우 유리한 조항이었지요.

결국 **조·미 수호 통상 조약은 조선이 서양 나라와 맺은 최초의 근대적 조약이었지만, 조선에 불리한 내용이 담긴 불평등 조약**이었던 것이에요.

미국은 이후 조선에 외교관을 보냈고, 조선은 이에 대한 보답으로 **보빙사**라는 외교 사절단을 미국에 보냈어요.

▲ 보빙사
서양에 파견된 최초의 외교 사절단이에요.

조·미 수호 통상 조약

제14관 조약을 체결한 뒤 통상무역, 상호 교류 등에서 본 조약에 없는 어떠한 권리나 특혜를 다른 나라에 허가할 때에는 자동으로 미국에도 똑같이 준다.

초능력 온달 O X 퀴즈

이 글의 내용과 일치하면 O표, 일치하지 않으면 X표 해보세요.

❶ 제너럴 셔먼호 사건을 계기로 조선은 부산 외 2개의 항구를 개항하였습니다. (O , X)

❷ 조·미 수호 통상 조약에는 최초로 최혜국 대우 조항이 포함되었습니다. (O , X)

초능력 평강 퀴즈

❶ 밑줄 친 '조약'이 무엇인지 쓰시오.

정권을 잡았던 흥선 대원군이 물러나고 조선의 개항을 요구하는 목소리가 커진 상황에서 일본 군함 운요호가 강화도를 공격하였다. 결국 조선은 1876년에 일본과 조약을 맺고 개항하였다.

( )

❷ (가), (나) 조약의 공통점으로 옳은 것을 고르시오.

( )

(가) 조선의 항구에서 죄를 지은 일본인은 일본 관리가 심판한다.

(나) 조약 체결 이후에 다른 나라에 다른 권리나 특혜를 허가할 때에는 자동적으로 미국에게도 똑같이 준다.

① 조선 전기에 체결한 조약

② 조선에 불리한 불평등 조약

③ 조선이 자발적으로 체결한 조약

④ 조선이 서양과 맺은 최초의 조약

⑤ 흥선 대원군이 체결을 주도한 조약

😀 정답과 해설 3쪽

우리학교 객관식 문제

01 다음 조약에 대한 설명으로 옳지 않은 것은?

| 제1관 | 조선은 자주적인 나라로 일본과 똑같은 권리를 갖는다. |
| 제4관 | 조선은 부산 외에 두 곳을 개항하고, 일본인이 와서 통상을 하도록 허가한다. |

① 해안 측량권 조항이 포함되었다.
② 운요호 사건을 계기로 체결되었다.
③ 보빙사가 파견되는 원인이 되었다.
④ 외국과 체결한 최초의 근대적 조약이다.
⑤ 치외 법권 조항이 들어있는 불평등 조약이다.

02 (가)의 체결 배경으로 옳은 것은?

이 사진은 ___(가)___ 체결 이후 미국에 파견된 사절단인 보빙사입니다. ___(가)___ 은/는 서양 나라와 체결한 최초의 근대적 조약이자 불평등 조약입니다.

① 병인박해
② 운요호 사건
③ 오페르트 도굴 사건
④ 제너럴 셔먼호 사건
⑤ 『조선책략』의 국내 유포

우리학교 주관식 문제

03 다음 글을 읽고 물음에 답하시오.

| 제14관 | 조약을 체결한 뒤 통상무역, 상호 교류 등에서 본 조약에 없는 어떠한 권리나 특혜를 다른 나라에 허가할 때에는 자동으로 미국에도 똑같이 준다. |

(1) 위 자료에 나타난 조약의 명칭을 쓰시오.
 (   )

(2) 빈칸에 들어갈 단어를 쓰시오.
 [제14관은 ☐☐☐ 대우 조항이다.]
 (   )

한국사능력검정시험

04 (가)에 들어갈 사건으로 옳은 것은?
기본 64회

역사 신문
제△△호   ○○○○년 ○○월 ○○일

일본과의 조약이 체결되다

무력 시위하는 일본 군인들

작년 가을 강화도와 영종도 일대에서 ___(가)___ 을 일으킨 일본과의 회담이 최근 수 차례 열렸다. 일본이 피해 보상과 조선의 개항을 일방적으로 요구하자, 조정에서는 이에 대한 찬반 논쟁 끝에 신헌을 파견하여 조일 수호 조규를 체결하였다.

① 운요호 사건   ② 105인 사건
③ 제너럴 셔먼호 사건   ④ 오페르트 도굴 사건

스스로 지키고 싶은
약속을 써볼까요?

친구와 지키고 싶은
약속을 써볼까요?

1882년 임오군란
1884년 갑신정변

오픈아이

한판 정리

 임오군란의 전개

	임오군란(1882)
배경	• 구식 군인에 대한 차별 대우
전개	• 구식 군인 봉기 → 흥선 대원군 재집권 → 청군의 진압
결과	• 청의 정치 간섭 심화 • 일본과 제물포 조약 체결

한판 정리

 갑신정변의 전개

갑신정변(1884)	
배경	• 개화에 대한 다양한 생각 : 온건 개화파(김홍집) vs 급진 개화파(김옥균)
주도	• 김옥균, 박영효 등 급진 개화파
전개	• 우정총국 개국 축하연을 틈타 정변 → 개화당 정부 수립, 개혁 정책 발표 → 청의 개입 → 3일 만에 실패로 끝남
내용	• 청에 대한 조공 폐지, 문벌 폐지, 세금 제도 개혁 등
결과	• 일본과 한성 조약 체결 • 청과 일본이 톈진 조약 체결

3일 천하인 줄도 모르고..

임오군란에 대해 알아봅시다

✱ 임오군란은 왜 일어났을까?

강화도 조약을 맺은 뒤 본격적으로 개화 정책을 실시한 조선 정부는 미국 뿐만이 아닌 서양의 여러 나라와 교류하며 서양의 기술을 배웠어요. 그중에서도 서양의 군사 기술과 무기가 뛰어나다는 사실을 알게 된 조선 정부는 **새로운 서양식 군대인 별기군**을 만들었어요.

별기군은 일본인 교관에게 훈련을 받고 소총을 사용하며 좋은 대우를 받았어요. 그에 반해 예전부터 있던 **구식 군인들은 별기군에 비해 차별 대우를 받았는데**, 언제 쫓겨날지 모르는 불안한 상황에서 1년이 넘는 기간 동안 봉급[*] 조차 제대로 받지 못했다고 해요. 조선의 개화 정책이 진행될수록 구식 군인들의 불만은 점점 커져갔답니다.

*봉급
일에 대한 대가로 받는 돈

✴ 임오군란은 어떻게 전개되었을까?

구식 군인들의 불만이 날이 갈수록 커지자, 더 이상 이를 무시할 수 없었던 조선 정부는 구식 군인들에게 밀렸던 봉급을 주겠다고 했어요. 13개월 만에 받는 봉급 소식에 구식 군인들은 기쁜 마음으로 선혜청으로 향했어요.

그런데 얼마 지나지 않아 구식 군인들의 얼굴이 일그러졌어요. 받은 봉급을 열어보니 한 달 치 월급뿐인데다가 그마저도 쌀 속에 모래와 겨가 섞여 있는 것이었어요! 결국 더 이상 참지 못한 **구식 군인들이 반란을 일으켰는데, 이것이 바로 1882년 일어난 임오군란**이랍니다.

군인들이 반란을 일으키자, 그동안 조선 정부의 개화 정책에 불만을 품고 있던 일반 백성들도 반란에 참여했어요. 이들은 선혜청의 관리였던 민겸호와 별기군의 일본인 교관을 제거하고, 일본 공사관을 공격했어요. 또한 개화 정책을 주도한 명성 황후에게도 책임이 있다며 궁궐을 습격했어요.

상황이 심각해지자 **고종은 아버지 흥선 대원군을 다시 불러들여** 상황을 수습하려 했고, 다시 집권하게 된 흥선 대원군은 별기군을 없애고 혼란을 수습하는 듯 보였어요.

✴ **선혜청**
조선 후기 재정 기관으로 군인들의 봉급도 담당함

✴ **겨**
곡식의 껍질

✴ **반란**
정부나 지도자 따위에 반대해 내란을 일으킴

✳ 임오군란의 결과는 무엇일까?

구식 군인들의 추격을 피해 궁궐을 빠져나간 명성 황후는 임오군란을 진압하기 위해 청에게 도움을 요청했고, 이에 따라 청이 조선으로 군대를 보냈어요. 청은 반란을 일으킨 구식 군인과 백성들을 진압하고 임오군란의 책임을 물어 흥선 대원군을 청으로 끌고 가버렸지요.

조선에서 일어난 임오군란을 진압한 청은 본격적으로 조선의 정치에 간섭하기 시작했어요. 청의 군대를 조선에 머물도록 하고, 조선에 관리를 보내 정치와 외교 등의 일을 사사건건 간섭하도록 한 거예요.

한편 임오군란으로 인해 피해를 입은 일본도 조선에 사과와 배상을 요구하며 나섰어요. 임오군란 과정에서 일본인이 죽거나 다치고 일본 공사관도 공격을 받아 불에 탔기 때문이에요. 조선은 어쩔 수 없이 일본과 **제물포 조약을 맺어 일본에 배상금을 지불하고 일본 공사관에 일본 군대가 머무를 수 있도록 허락**해주었답니다.

✳배상
남의 권리를 침범해 손해를 입힌 사람이 그 손해를 물어주는 일

우리 일본에
배상금 물어내!!

흥선 대원군을
청으로 끌고 가겠다.

갑신정변에 대해 알아봅시다

 더 알아보기

*성리학
도덕 정치를 중시한 유교의 한 갈래

*실학
현실 문제를 해결하는 데 도움이 되는 실질적인 학문

*온건
생각이나 행동이 과격하지 않고 조금씩 앞으로 나아가고자 함

*급진
서둘러 급히 나아감

✴ 개화 정책에 대한 다양한 생각들

조선이 개항한 이후 서양 문물을 받아들이기 시작하자 조선 안에서는 개화 정책에 대한 다양한 생각들이 등장했어요. 성리학을 공부한 양반 유생들은 조선의 전통을 지키고 서양의 것을 물리쳐야 한다며 개화 정책에 반대한 반면, 실학의 정신을 이은 젊은 학자들은 서양의 문물을 받아들여 조선을 강하게 만들어야 한다고 주장했어요. 이렇게 **개화 정책에 찬성한 사람들을 개화파**라고 불러요.

하지만 임오군란 이후 청의 간섭이 심해지자, 개화파 안에서도 앞으로 추진할 개화 정책의 방향을 두고 의견이 나뉘었어요. **김홍집, 김윤식 등은 청과의 관계를 유지하며 조선의 제도와 사상은 지키되 서양의 기술만을 받아들이자고 주장**했어요. 이들을 **온건 개화파**라고 해요.

반면 **김옥균, 박영효, 서재필 등은 청과의 관계를 끊어내고 일본처럼 서양의 기술뿐만 아니라 제도와 사상까지 받아들여야 한다고 주장**했어요. 이들을 **급진 개화파**라고 한답니다.

✳ 급진 개화파의 움직임, 갑신정변은 어떻게 전개되었을까?

청의 간섭이 날이 갈수록 심해지는 상황에서 조선 정부는 온건 개화파의 주장과 같은 입장에서 개화 정책을 추진해 나갔어요. 급진 개화파는 이대로 가다가는 청의 간섭에서 벗어난 근대적인 개혁이 불가능할 것이라 생각했어요. 결국 일본의 군사적인 도움을 약속받은 급진 개화파는 청군의 절반이 프랑스와의 전쟁을 위해 조선을 빠져나간 사이를 노리고 자신들이 꿈꾸는 세상을 만들기 위한 정변*을 계획했어요.

1884년 우정총국이 처음 문을 여는 날, 축하 행사(**우정총국 개국 축하연**)를 위해 정부의 주요 관리들이 모인 자리에서 갑자기 불이 나고 비명이 들리기 시작했어요. **급진 개화파가 일으킨 갑신정변**이 시작된 거예요.

급진 개화파는 정부의 주요 관리들을 죽인 후 왕과 왕비를 다른 곳으로 피신시키고 그들만의 새로운 정부(**개화당 정부**)를 만들었어요. 그리고는 자신들의 주장을 담은 개혁안을 발표했지요.

한편 무언가 이상함을 느낀 명성 황후는 사태를 수습하고자 몰래 청에 사람을 보내 도움을 요청했어요. 이에 **청군이 개입**하자 도움을 약속했던 일본군도 후퇴해 버렸어요. 결국 갑신정변은 **3일 만에 실패**로 끝났고, 급진 개화파의 주요 인물들은 죽거나 일본으로 몸을 피했답니다.

▲ **갑신정변을 주도한 급진 개화파**

왼쪽부터 박영효, 서광범, 서재필, 김옥균이에요.

✳정변

비합법적인 방법으로 생긴 정치상의 큰 변화

우정총국

우리나라에 생긴 최초의 근대적 우체국이에요.

✳조공

섬기는 나라에 바치던 예물

✳문벌

대대로 내려오는 집안의 사회적 신분이나 지위

갑신정변 개혁안 일부

1. 청에 잡혀간 흥선 대원군을 돌아오도록 하고, 청에 바치던 조공*을 폐지한다.
   → 청에 대한 사대 관계 폐지
2. 문벌*을 폐지해 평등의 권리를 세우고, 능력에 따라 관리를 임명한다.
   → 신분 제도 폐지
3. 조세 제도를 개혁하여 관리의 부정을 막고 나라의 재정을 넉넉하게 한다.
   → 세금 제도 개혁

– 김옥균, 『갑신일록』 –

✱ 갑신정변의 결과는 무엇일까?

공부도 원래 꺼질하고
포기하는 거지! 흐흐...!

임오군란에 이어 갑신정변까지 진압한 **청은 조선에 대한 간섭을 더욱 강화**했어요. 정변을 도와주겠다던 일본은 갑신정변이 끝나자 일본 공사관이 불에 탄 것을 물어내라며 오히려 배상금을 요구했고, 결국 **조선은 일본과 한성 조약을 체결**했어요.

한편 갑신정변 이후 조선을 두고 청과 일본의 경쟁이 심해지자 두 나라는 **톈진 조약을 체결**했는데, 이 조약에는 청과 일본이 조선에서 군대를 철수한다는 내용과 앞으로 두 나라 중 하나가 조선에 군대를 보낼 때 상대 나라에 미리 알린다는 내용이 담겨 있어요.

갑신정변은 조선의 지배층이 근대 국가를 만들기 위해 일으킨 정변이라는 점에서 중요한 사건이었지만, 백성들의 마음을 헤아리지 못해 성공을 거두지는 못했어요. 그렇다면 백성들이 꿈꾸었던 나라는 어떤 모습이었을까요?

이 글의 내용과 일치하면 O표, 일치하지 않으면 X표 해보세요.

❶ 정부의 개화 정책으로 구식 군인이 차별받자 구식 군인들은 분노하여 난을 일으켰습니다.   (○ , Ⅹ)
❷ 온건 개화파는 정변을 일으켜 청에 바치는 조공을 폐지할 것을 주장하였습니다.   (○ , Ⅹ)

❶ 다음 ㉠, ㉡에 들어갈 세력의 이름을 쓰시오.

서양의 기술만을
받아들여야 해.

서양의 사상,
제도까지
받아들여야 해.

㉠   ㉡

㉠ :   ㉡ :

❷ 갑신정변의 전개 과정을 차례대로 나열한 것을 고르시오.   (   )

(가) 청군이 개입해 3일 만에 실패하였다.
(나) 청과 일본 사이에 톈진 조약이 체결되었다.
(다) 우정총국 개국 축하연에서 정변이 일어났다.
(라) 새로운 정부를 구성하고 개혁안을 발표하였다.

① (가)－(나)－(다)－(라)
② (나)－(다)－(가)－(라)
③ (다)－(라)－(가)－(나)
④ (다)－(나)－(가)－(라)
⑤ (라)－(가)－(다)－(나)

⊙ 정답과 해설 4쪽

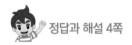 정답과 해설 4쪽

우리학교 객관식 문제

01 다음 중 임오군란의 결과로 옳은 것을 〈보기〉에서 고른 것은?

┤ 보기 ├
ㄱ. 청의 내정 간섭이 심화되었다.
ㄴ. 일본과 한성 조약을 체결하였다.
ㄷ. 일본과 제물포 조약을 체결하였다.
ㄹ. 청과 일본 사이에 텐진 조약이 체결되었다.

① ㄱ, ㄴ
② ㄱ, ㄷ
③ ㄴ, ㄷ
④ ㄴ, ㄹ
⑤ ㄷ, ㄹ

02 (가) 사건에 대한 설명으로 옳지 않은 것은?

〈　　(가)　　개혁안 일부〉
1. 청에 잡혀간 흥선 대원군을 돌아오도록 하고, 청에 바치던 조공을 폐지한다.
2. 문벌을 폐지해 평등의 권리를 세우고, 능력에 따라 관리를 임명한다.
3. 조세 제도를 개혁하여 관리의 부정을 막고 나라의 재정을 넉넉하게 한다.

① 3일 만에 실패로 끝났다.
② 우정총국 개국 축하연 때 일어났다.
③ 김옥균 등 급진 개화파가 주도하였다.
④ 텐진 조약이 체결되는 원인이 되었다.
⑤ 구식 군인에 대한 차별 대우가 원인이 되었다.

우리학교 주관식 문제

03 (가), (나) 조약에 포함된 내용을 쓰시오.

(가) 제물포 조약
(나) 텐진 조약

• (가) :

• (나) :

대학수학능력시험

04 다음 자료를 활용한 탐구 주제로 가장 적절한 것은?

2024 수능

어윤중이 청의 마건충과 필담을 나누며 이르기를, "우리나라는 근래에 재정이 고갈되어 구식 군인들에게 몇 달째 급료도 지불하지 못하였습니다. 월초에 급료를 줄 때에 창고지기가 썩은 것을 나누어 주었고 또 용량도 지키지 않아서, 군인들이 창고지기와 크게 다투었습니다. 창고의 책임자가 군인들을 잡아 법으로 다스리려 하자 군인들이 궁궐에 들어가 고관들을 살해하였습니다."라고 하였다.

① 임오군란의 전개
② 북벌 운동의 배경
③ 조선 혁명군의 활동
④ 브나로드 운동의 결과
⑤ 물산 장려 운동의 영향

01 서양과 친하게 지내는 것은 나라는 파는 것이다, 흥선 대원군 🐾

흥선 대원군의 대내 정책	흥선 대원군의 대외 정책
●『대전회통』 편찬 ● ❶ 경◻◻ 중건 → ❷ ◻◻ 전 발행 ● 서원 정리 ● 삼정의 문란 개혁 　: ❸ ◻ 포 ◻ 시행, 사창제 시행	● 병인양요 　– 원인 : ❹ ◻◻ 박 해 　– 활약 : 한성근(문수산성), 양헌수(정족산성) 　– 결과 : 외규장각 의궤 약탈 ● 신미양요 　– 원인 : 제너럴 셔먼호 사건 　– 활약 : ❺ 어 ◻◻ (광성보)

02 불평등 조약으로 인한 불행의 시작 🐾

❶ 강 ◻◻ 조 ◻ (조·일 수호 조규)	조·미 수호 통상 조약
● 배경 : ❷ 운 ◻◻ 사 ◻ ● 내용 : 부산·원산·인천 항구 개항 ● 성격 : 외국과 체결한 최초의 근대적 조약이자 　　　불평등 조약	● 배경 : 김홍집이 황준헌의 ❸ 조 ◻◻◻ 　　　유포 ● 내용 : 최초의 ❹ ◻ 혜 ◻ 대 ◻ ● 결과 : ❺ 보 ◻◻ 파견

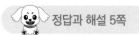

03 개화 정책의 부작용, 임오군란과 갑신정변

❶ 임 ☐ ☐ ☐	갑신정변
● 배경 : 구식 군인에 대한 차별 대우 ● 전개 : 구식 군인 봉기 → 흥선 대원군 재집권 → 　　　청군의 진압 ● 결과 　－ 청의 내정 간섭 심화 　－ 일본과 ❷ 제 ☐ ☐ 조 ☐ 체결	● 주도 : 김옥균, 박영효 등 ❸ 급 ☐ 개 ☐ ☐ ● 전개 : ❹ ☐ 정 ☐ ☐ 개국 축하연을 틈타 　　　정변 → 개화당 정부 수립 → 청의 개입 → 　　　3일 만에 실패로 끝남 ● 결과 　－ 일본과 ❺ 한 ☐ ☐ 약 체결 　－ 청과 일본이 톈진 조약 체결

"거문도를 불법으로 점령한 영국"

조선이 외국 세력에 문을 연 이후, 여러 나라들은 아시아의 중요한 위치에 있는 조선에 자신의 영향력을 행사하고 싶어 했어요. 갑신정변이 청의 개입으로 실패한 후, 청의 정치적 간섭이 더욱 심해지자, 조선 정부는 청을 견제하기 위해 러시아와 친하게 지내려 했고, 동아시아에서 세력을 넓히고 싶었던 러시아도 이에 응했지요. 하지만 러시아를 견제하고 있던 나라가 있었으니, 바로 영국이었어요. 결국 영국은 러시아를 막겠다며 전라남도 여수 지역에 있는 거문도를 불법으로 점령했어요. 2년 만에 영국이 거문도에서 물러나긴 했지만 청과 일본, 러시아와 영국까지 당시 조선이 강대국의 틈에서 얼마나 혼란스러웠는지 알 수 있어요.

나의 생각 오픈!

기자가 되어 임오군란과 갑신정변 중 한 가지 사건으로
신문 기사를 만들어봅시다.

특종! _____이 벌어지다!

발행일 : _____년 ___월 ___일   발행인 :

〔 주요 기사 〕

〔 광고 / 사진(그림) 〕

2

" 근대 국가를 수립하기 위해 노력했지만, 일제가 침략하다 "

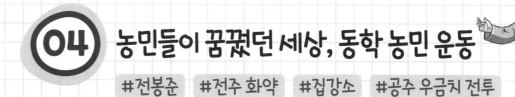

1894년 2월	1894년 7월	1894년 10월
고부 민란	청·일 전쟁 발발	제2차 동학 농민 운동

오픈아이

설쌤! 모래 가득한 쌀 대신 녹두로 만든 빈대떡을 먹고 싶어요!

오! 녹두? 이 참에 우리 녹두 장군을 만나러 가볼까?

탐관오리 조병갑의 나쁜 행동을 더 이상 두고 볼 수 없소!

맞아. 평강아!

저분이 녹두 장군 전봉준이죠?

무슨 일 있으신가요?

군수 조병갑을 몰아내기 위해 사람들을 모으는 글을 썼는데, 함께 한 사람들의 이름을 넣어야 할지 고민이오.

함께 하는 이들의 이름이 있으면 더 효과적으로 사람들을 모을 수 있을 겁니다!

맞는 말이오. 그런데 이름을 어떤 순서로 적으면 좋을지…

온달아! 밥은 또 어디서 났니?

탁

퍽

아! 밥 그릇을 엎어서 원을 그리고, 돌아가며 이름을 쓰는 건 어떨까요?

매우 좋은 생각이오! 문서의 이름은 사발통문이라 하면 되겠구려! 고맙소!

그럼! 저희는 이만 가보겠습니다!

한판 정리

동학 농민 운동의 전개

동학

- 최제우가 창시
- 인내천(사람이 곧 하늘) 사상
- 정부의 탄압 : 최제우 처형

고부 민란	제1차 동학 농민 운동	제2차 동학 농민 운동
조병갑의 횡포에 맞서 전봉준이 주도	전봉준 주도 백산 봉기 → 황토현·황룡촌 전투 승리 → 전주성 점령 → 청군과 일본군 개입 → 전주 화약 체결(교정청·집강소 설치), 폐정 개혁안 발표	일본의 경복궁 점령, 청·일 전쟁 → 동학 농민군 재봉기 → 공주 우금치 전투 패배 → 전봉준 체포

동학에 대해 알아봅시다

 더 알아보기

▲ 최제우

*중시
가볍게 여길 수 없을 만큼 매우
크고 중요하게 여김

*교주
종교의 우두머리

✱ 동학은 어떤 종교일까?

　세도 정치로 나라가 혼란스러울 무렵, 백성들 사이에서는 서양에서 들어온 서학(천주교)이라는 종교가 퍼지고 있었어요. 그러자 1860년에 서학에 대항하기 위해 새롭게 등장한 종교가 있었으니 바로 **동학**이에요. 동학은 **경주의 몰락 양반 최제우**가 어지러운 나라를 바로잡고 고통받는 백성들을 편안하게 해주고자 만든 종교였어요.

　동학에서 가장 중요하게 생각한 것은 '인내천'이라는 사상이었어요. **인내천은 '사람이 곧 하늘이다'라는 뜻으로, 모든 사람은 똑같이 소중하다는 평등 사상을 말하는 것**이에요.

　하지만 이러한 평등 사상은 서학(천주교)과 마찬가지로 신분 질서를 중시*했던 조선 정부의 탄압을 받을 수밖에 없었어요. 결국 조선 정부는 '세상을 어지럽히고 세상 사람을 속인다.'라는 죄를 물어 최제우를 처형했어요. 하지만 동학은 여기서 끝나지 않고, 최제우의 뒤를 이은 최시형이 제2대 교주*가 되어 이어 나갔답니다.

설쌤의 한국사 스토리텔링

동학 농민 운동에 대해 알아봅시다

✳ 고부 민란은 어떻게 일어나게 되었을까?

조선이 개항한 이후, 외국 상인들이 조선으로 들어오며 백성들의 삶은 더욱더 힘들어졌어요. 게다가 탐관오리들의 괴롭힘도 여전히 계속되고 있었지요.

특히 **전라도 고부의 군수**였던 조병갑은 만석보라는 보를 쌓고 농민들에게 물 사용료를 강제로 거두거나, 백성에게 없는 죄를 뒤집어씌운 후 재산을 빼앗는 등 백성들을 못살게 굴었어요. 그러자 동학의 지도자였던 녹두 장군 전봉준이 농민들을 모아 조병갑의 횡포에 맞서기 시작했어요.

전봉준을 중심으로 한 농민들은 고부 관아를 공격하고 만석보를 파괴했는데, 이를 고부 민란이라고 해요. 이 소식을 들은 조선 정부는 사건을 수습하기 위해 이용태라는 관리를 고부로 보냈지만, 이용태는 오히려 조병갑의 편을 들며 죄 없는 농민들을 체포하고 탄압했어요. 결국 농민들의 분노는 하늘을 찔렀고 분노한 농민들은 다시 모이게 되었답니다.

더 알아보기

✳**군수**
지방 행정 단위인 군의 으뜸 벼슬

✳**보**
둑을 쌓아 흐르는 냇물을 막고 그 물을 담아 두는 곳

✳**횡포**
제멋대로 굴며 몹시 난폭함

✳**관아**
벼슬아치들이 모여 나랏일을 처리하던 곳

✳**민란**
포악한 정치에 반대해 백성들이 일으킨 반란

녹두 장군
'전봉준'의 다른 이름이에요. 어릴 때 키가 작아 사람들이 그를 녹두(콩)라 부른 데서 유래했다고 해요.

더 이상 조병갑의 횡포를 참을 수 없다!

▲ **사발통문**
사발을 엎어 그린 원을 따라 이름을 적어 주도자가 누군지 알 수 없도록 했어요.

▲ 장태
농민군이 황토현 전투 등에서 무기로 사용했어요.

✻ 제1차 동학 농민 운동은 어떻게 전개되었을까?

"나라를 바로잡고 백성들을 편안하게 하자!", "탐관오리를 물리치고 백성들을 구원하자!"

1894년 3월, **전봉준과 손화중, 김개남 등 동학 지도자를 중심으로 백산에 모인 농민들은** 새로운 세상을 만들기 위해 무서운 기세로 나아갔어요(백산 봉기). 그 기세가 얼마나 대단했는지 농민들은 **황토현과 황룡촌에서 관군과 싸워 승리하고 심지어 전주성을 점령**하기까지 했어요.

전라도의 중심이 되는 전주성까지 농민들의 손에 넘어가자, 조선 정부는 크게 당황했어요. 자신들의 힘으로는 농민군을 진압할 수 없다고 판단한 정부는 결국 청에 도움을 요청했어요. 그런데 예상치 못한 일이 일어났어요. 청이 조선에 군대를 보내자, 일본도 10년 전 맺었던 톈진 조약을 핑계로 조선에 군대를 보낸 것이었지요.

청군과 일본군이 조선에 들어오자, 조선 정부는 몹시 당황했어요. 왜냐하면 청에 도움을 요청했는데, 일본군까지 같이 들어왔기 때문이에요. 이러한 상황을 수습하고자 조선 정부는 전주에서 농민군과 화해의 약속인 전주 화약을 체결했어요. 전주 화약에 따라 정부는 교정청을, 농민군은 집강소를 설치해 잘못된 정치를 바로잡고자 노력했어요. 그럼 농민들이 꿈꾸었던 세상은 어떤 세상인지 농민들이 제시한 **폐정 개혁안**을 살펴볼까요?

폐정 개혁안
잘못된 정치를 바로잡고자 한 동학 농민군의 개혁안을 말해요.

✻과부
남편을 잃고 혼자 사는 여성

동학 농민군의 폐정 개혁안 일부

1. 동학교도는 정부와의 원한을 씻고 모든 정치에 협력한다.
2. 탐관오리의 죄를 조사해 엄중히 벌한다.
5. 노비 문서를 불태운다. → 노비제 폐지
7. 젊어서 과부가 된 여성의 재혼을 허락한다.
8. 법으로 정해지지 않은 세금을 일체 거두지 않는다.
12. 토지는 균등히 나누어 경작한다. → 토지 제도 개혁

– 오지영, 『동학사』 –

✱ 제2차 동학 농민 운동은 어떻게 전개되었을까?

농민군과 전주 화약을 맺은 정부는 농민군이 물러났으니 청과 일본에 군대를 철수[*]해달라고 요구했어요. 하지만 일본은 조선 정부의 요구를 무시하고, 오히려 고종이 있는 **경복궁을 점령**해 버렸어요. 그러고는 조선의 정치에 간섭했고, 심지어 **청군을 공격해 청·일 전쟁을 일으켰어요**.

이 소식을 들은 전봉준과 동학 농민군은 조선을 침략하려는 일본을 몰아내기 위해 다시 일어났는데, 이를 **제2차 동학 농민 운동**이라고 해요. 일본을 몰아내기 위해 모인 농민군은 한양을 향해 진격했어요.

하지만 최신식 무기를 갖춘 일본군은 조선 관군과 함께 농민군을 총공격했고, **공주 우금치에서 일어난 전투에서 농민군은 크게 패배**하고 말았어요. 이후 농민군이 뿔뿔이 흩어지고 전봉준이 체포되면서 동학 농민 운동은 실패로 돌아갔답니다.

*철수
진출했던 곳에서 물러남

▲ 체포되는 전봉준

초능력 온달 ⭕❌ 퀴즈

이 글의 내용과 일치하면 O표, 일치하지 않으면 X표 해보세요.

❶ 전라도의 고부 군수 조병갑의 횡포에 분노한 농민들이 고부 관아를 공격하였습니다. (⭕ , ❌)

❷ 동학 농민 운동이 일어나자 정부는 러시아에 도움을 요청하였습니다. (⭕ , ❌)

초능력 평강 퀴즈

❶ 다음에서 설명하는 인물을 쓰시오.

- 동학 농민 운동의 지도자로 녹두 장군이라고도 불렸다.
- 탐관오리의 횡포에 맞서 고부 민란을 이끌었다.
- 일본과의 전투에서 패배한 이후 체포되었다.

( )

❷ 다음 개혁안을 주장한 세력에 대한 내용으로 알맞은 것을 고르시오. ( )

〈개혁안 일부〉
- 탐관오리의 죄를 조사해 엄중히 벌한다.
- 노비 문서를 불태운다.
- 법으로 정해지지 않은 세금을 일체 거두지 않는다.

① 천주교를 믿었다.
② 소비의 중요성을 강조하였다.
③ 공주 우금치 전투에서 패배하였다.
④ 우정총국 행사에서 정변을 일으켰다.
⑤ 서양의 기술만을 받아들이자고 주장하였다.

🎯 정답과 해설 6쪽

우리학교 객관식 문제

01 다음 중 동학 농민 운동 당시에 있었던 사실을 〈보기〉에서 고른 것은?

┤ 보기 ├
ㄱ. 톈진 조약 체결
ㄴ. 전주 화약 체결
ㄷ. 개화당 정부 수립
ㄹ. 공주 우금치 전투

① ㄱ, ㄴ
② ㄱ, ㄷ
③ ㄴ, ㄷ
④ ㄴ, ㄹ
⑤ ㄷ, ㄹ

02 다음 자료의 사실 이후에 있었던 사실로 옳은 것은?

동학 농민군은 정부와 화해의 약속인 전주 화약을 체결하고 스스로 물러났습니다. 그리고 전라도 곳곳에 집강소를 설치해 잘못된 정치를 바로잡고자 하였습니다.

① 고부 민란
② 보빙사 파견
③ 강화도 조약 체결
④ 제너럴 셔먼호 사건
⑤ 일본의 경복궁 점령

우리학교 주관식 문제

03 ㉠, ㉡에 들어갈 단어를 쓰시오.

(㉠)은/는 경주의 몰락 양반 최제우가 어지러운 나라를 바로잡고 고통 받는 백성들을 편안하게 해 주고자 만든 종교였어요. (㉠)에서 가장 중요하게 생각한 것은 (㉡)(이)라는 사상이었어요. (㉡)은/는 '사람이 곧 하늘이다'라는 뜻으로, 모든 사람은 똑같이 소중하다는 평등 사상을 말하는 것이었어요.

㉠ : (   )
㉡ : (   )

한국사능력검정시험

04 (가) 사건에 대한 설명으로 옳은 것은?

기본 67회

부패한 지도층과 외세의 침략에 저항했던 (가) 관련 기록물인 전봉준 공초, 개인 일기와 문집, 각종 임명장 등이 유네스코 세계 기록 유산으로 지정되었습니다.

백성이 주체가 된 역사, 세계 기록 유산으로 남다

① 9서당을 창설하는 계기가 되었다.
② 청산리에서 일본군과 전투를 벌였다.
③ 집강소를 통해 폐정 개혁을 추진했다.
④ 제물포 조약이 체결되는 결과를 가져왔다.

틀린 그림 찾기

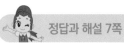
정답과 해설 7쪽

 아래 두 그림에서 다른 부분을 찾아 동그라미로 표시해 보세요!

오픈아이

한판 정리

 갑오개혁의 추진

내용	제1차 갑오개혁	제2차 갑오개혁
	• 군국기무처 설치 • 과거제 폐지 • 신분제 폐지 • 조혼 금지, 과부 재혼 허용 • 연좌제 폐지	• 홍범 14조 반포 • 교육입국 조서 반포 → 한성 사범 학교 설립

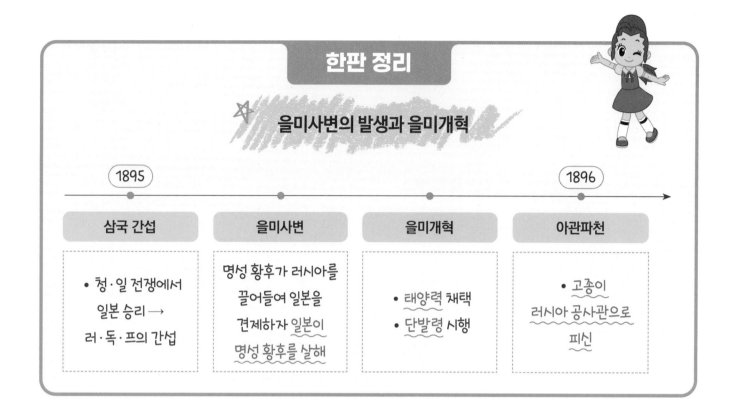

을미사변의 발생과 을미개혁

1895 ───────────────────────────────────── 1896

삼국 간섭	을미사변	을미개혁	아관파천
• 청·일 전쟁에서 일본 승리 → 러·독·프의 간섭	명성 황후가 러시아를 끌어들여 일본을 견제하자 일본이 명성 황후를 살해	• 태양력 채택 • 단발령 시행	• 고종이 러시아 공사관으로 피신

러시아 공사관이 눈앞이다.
어서 모시자!

갑오개혁에 대해 알아봅시다

✱ 조선은 어떻게 근대적 개혁을 추진할 수 있었을까?

1894년 동학 농민 운동이 일어나자 조선 정부는 청에 도움을 요청했고, 일본은 청이 조선에 군대를 파견한다는 것을 빌미로 조선에 들어왔어요. 그리고 조선 정부의 철수 요구를 무시하고 경복궁을 불법으로 점령하면서 청·일 전쟁을 일으키기까지 했어요.

본격적으로 조선을 지배하려는 욕심을 드러낸 일본은 조선에 대한 청의 영향력을 없애고 조선의 정치에 간섭하고자 개혁을 강요했어요. 이에 조선은 **개화파 관리들을 중심으로 군국기무처**라는 기구를 만들고 조선의 낡은 제도를 없애기 위한 근대적인 개혁을 시작했는데, 이를 **갑오개혁**이라고 부른답니다.

비록 갑오개혁은 일본의 강요로 이루어졌지만, **갑신정변과 동학 농민 운동 당시 제시된 주장이 일부분 실현**되기도 했어요.

▲ 군국기무처

신분제 폐지는 아까 전에 말했고..

과부의 재가도 허용하는 것이 어떨까요?

군국기무처 회의

▲ 김홍집
군국기무처의 총재로서 내각을 구성하고 제1차 갑오개혁을 이끌었어요.

결국엔 실현된 동학 농민군의 주장
갑오개혁은 일본의 강요로 시작되었지만, 동학 농민군의 폐정 개혁안에 있던 과부의 재혼 허용, 신분제 폐지 등의 주장이 실현되기도 했어요.

✴ 제1차 갑오개혁에는 어떤 내용들이 있을까?

그렇다면 군국기무처가 주도한 제1차 갑오개혁에는 어떤 내용들이 담겨 있었을까요?

제1차 갑오개혁을 통해 조선은 고려 광종 때부터 시행되던 **과거제를 폐지**하고 유학이 아닌 새로운 기준을 만들어 관리를 뽑기 시작했어요. 또한 먼 옛날부터 계속되어 오던 **신분제가 폐지**되기도 했어요. 드디어 양반, 노비 등 신분의 구분 없이 모두가 능력만 있으면 관리가 될 수 있게 된 것이었지요.

이외에도 조선 사회에 여러 변화가 일어났어요. 어린 나이에 결혼하던 풍습인 **조혼을 금지**하고, **과부가 다시 결혼할 수 있도록** 법적으로 보장해 주기도 했어요. 또한 범죄를 저지르면 가족 등 주변 사람까지 처벌하는 제도였던 **연좌제를 폐지**하기도 했답니다.

군국기무처의 개혁 법령

- 죄인 자신 이외 일체의 연좌제를 폐지한다.
- 남자 20세, 여자 16세 이하의 조혼을 금지한다.
- 과부의 재혼은 귀천을 막론하고 자유에 맡긴다.
- 공사 노비법을 혁파하고 인신매매를 금지한다.

✳ 제2차 갑오개혁에는 어떤 내용들이 있을까?

제1차 갑오개혁이 이루어지는 동안 벌어진 청·일 전쟁이 일본에 유리한 방향으로 흘러갔어요. 그러자 일본은 군국기무처를 폐지하고 제1차 갑오개혁을 멈춘 뒤, 제2차 갑오개혁을 추진하며 더 적극적으로 조선의 개혁에 간섭하기 시작했어요.

제2차 갑오개혁 당시 **고종은 종묘에서 개혁의 방향을 밝힌 홍범 14조를 반포**했어요.

또한, 고종은 강력한 국가를 만들기 위해서는 교육이 중요하다면서 **교육입국 조서를 반포**했어요. 새로운 학문과 지식의 교육을 위한 근대적 교육 제도를 마련한 것이에요. 이에 따라 조선은 **한성 사범 학교를 설립**해 근대 교육을 위한 교사들을 길러내기도 했어요.

홍범 14조 일부

1. 청국에 의존하는 생각을 끊어 버리고 자주독립*하는 기초를 세운다.
7. 세금의 징수와 비용의 지출은 모두 탁지아문에서 관리한다.
11. 총명한 젊은이들을 파견해 외국의 학술, 기예를 배우도록 한다.
14. 문벌을 가리지 않고 인재를 등용한다.

그러던 중 **청·일 전쟁이 결국 일본의 승리로 끝났어요**. 조선을 침략하는 데 걸림돌이 되던 청을 몰아내자, 일본은 더욱더 조선을 간섭하기 시작했지요.

이렇게 일본이 청을 물리치고 중국 땅의 일부까지 차지하자 주변 나라들이 불안해하기 시작했어요. 특히 청과 국경을 맞대고 있던 러시아가 일본을 못마땅해했어요. 러시아는 따뜻한 남쪽으로 세력을 넓히고 싶었는데 일본이 갑자기 끼어들었던 거예요.

조선을 둘러싸고 여러 나라가 경쟁을 벌이고 있는 위기 속에서 조선의 운명은 어떻게 흘러가게 될까요?

✳자주독립

다른 나라의 간섭을 받거나 다른 나라에 의존하지 않고 스스로 문제를 결정함

청·일 전쟁의 결과

전쟁이 끝난 후 청과 일본은 시모노세키 조약을 맺었어요. 이에 따라 청은 일본에 엄청난 배상금을 물어주었고, 청의 땅이었던 랴오둥 반도(요동 반도)와 타이완(대만)을 일본이 차지하게 되었답니다.

을미사변과 을미개혁에 대해 알아봅시다

더 알아보기

▲ 삼국 간섭

＊견제
경쟁 대상이 지나치게 세력을 갖거나 자유롭게 행동하지 못하도록 억누름

＊낭인
일정한 직업 없이 이리저리 떠돌아다니며 노는 사람

✳ 일본, 명성 황후를 살해하다

러시아는 일본이 더 이상 북쪽으로 진출하지 못하도록 해야겠다고 생각했어요. 그래서 **러시아는 독일, 프랑스와 함께 청·일 전쟁으로 일본이 획득한 랴오둥 반도(요동 반도)를 다시 청에게 돌려주라고 강요**했지요(삼국 간섭). 청과의 전쟁에서 승리할 정도로 강해졌지만 아직 서양의 강한 나라들에 맞서기는 어려웠던 일본은 결국 랴오둥 반도를 청에 돌려줄 수밖에 없었어요.

이러한 상황을 지켜보던 고종과 명성 황후는 생각했어요.

'청까지 일본에 지며 꼼짝없이 일본에 당할 줄 알았는데, 러시아가 말하니까 일본이 바로 꼬리를 내리는군. 러시아를 이용하면 일본의 힘을 견제할 수 있겠어!'

이후 **조선 정부는 일본을 멀리하고 러시아와 친하게 지내는 정책을 추진**해 나갔어요. 조선에서의 상황이 불리해진 일본은 불안해졌어요. 그리고 친러 정책을 추진하는 명성 황후가 자신들의 걸림돌이라고 생각했지요.

이에 일본은 명성 황후를 제거하기로 하고 **1895년에 낭인들을 앞세워 경복궁에 쳐들어가 명성 황후를 제거했어요(을미사변)**. 한 나라의 왕비가 일본에 의해 살해되는 끔찍한 일이 발생한 거예요.

❋ 을미개혁에는 어떤 내용들이 들어있을까?

더 알아보기

명성 황후를 제거한 일본은 친러 세력을 몰아내고 다시 조선의 정치에 간섭하며 개혁을 추진했어요. 이를 **을미개혁**이라고 하는데, 을미개혁이 진행되면서 **태양력을 사용**하기 시작했답니다.

또한 을미개혁에 따라 **단발령이 시행**되었어요. 단발령은 서양 사람들처럼 머리카락을 짧게 자르라는 것이었어요. 왕비가 살해당한 것도 모자라 부모님이 주신 머리카락을 짧게 자르라니, 조선의 선비들이 크게 분노해 의병을 일으키기도 했어요.

한편 궁궐에 있던 왕비가 살해당하자 생명에 위협을 느낀 **고종은 일본의 감시를 피하기 위해 러시아 공사관으로 거처를 옮겼어요**. 이를 **아관파천**이라고 한답니다. 왕이 궁궐을 떠나 외국의 공사관으로 피신한 상황! 조선은 이 위기를 극복할 수 있을까요?

태양력
지구가 태양 주위를 한 바퀴 도는 데 걸리는 기간을 1년으로 정한 방법으로 현재 우리가 쓰고 있는 달력 계산법이에요.

❋의병
외적의 침입을 물리치기 위해 백성들이 스스로 조직한 군대

❋거처
일정하게 자리를 잡고 머무는 곳

❋피신
위험을 피해 몸을 숨김

 **초능력 온달 Ⓞ Ⓧ 퀴즈** 이 글의 내용과 일치하면 O표, 일치하지 않으면 X표 해보세요.

❶ 고종과 명성 황후는 프랑스를 끌어들여 일본을 견제하고자 하였습니다. (Ⓞ , Ⓧ)

❷ 을미개혁 때 과거제를 폐지하였습니다. (Ⓞ , Ⓧ)

 **초능력 평강 퀴즈**

❶ 다음 빈칸에 들어갈 나라를 쓰시오.

- 일본이 청·일 전쟁에 승리하자 [   ]은/는 독일, 프랑스와 함께 일본을 간섭하였다.
- 을미사변이 발생하자 위험을 느낀 고종은 [   ] 공사관으로 거처를 옮겼다.

(   )

❷ 을미사변 이후의 상황으로 옳은 것을 고르시오.

(   )

① 신분제가 폐지되었다.
② 신미양요가 발생하였다.
③ 일본의 간섭이 완전히 사라졌다.
④ 동학 농민군이 전주성을 점령하였다.
⑤ 단발령에 반발해 의병이 일어났다.

🐾 정답과 해설 7쪽

우리학교 객관식 문제

01 다음 중 제1차 갑오개혁의 내용으로 옳은 것을 〈보기〉에서 고르면?

보기
ㄱ. 단발령 시행
ㄴ. 과거제 폐지
ㄷ. 신분제 폐지
ㄹ. 교육입국 조서 반포

① ㄱ, ㄴ
② ㄱ, ㄷ
③ ㄴ, ㄷ
④ ㄴ, ㄹ
⑤ ㄷ, ㄹ

02 다음 중 제2차 갑오개혁의 내용으로 옳은 것을 〈보기〉에서 고르면?

보기
ㄱ. 태양력 채택
ㄴ. 홍범 14조 반포
ㄷ. 군국기무처 설치
ㄹ. 한성 사범 학교 설립

① ㄱ, ㄴ
② ㄱ, ㄷ
③ ㄴ, ㄷ
④ ㄴ, ㄹ
⑤ ㄷ, ㄹ

우리학교 주관식 문제

03 ㉠에 들어갈 단어를 쓰시오.

궁궐에 있던 왕비가 살해당하자 생명에 위협을 느낀 고종은 일본의 감시를 피하기 위해 러시아 공사관으로 거처를 옮겼어요. 이를 (㉠)(이)라고 합니다.

㉠ :

한국사능력검정시험

04 (가)에 들어갈 기구로 옳은 것은?

기본 63회

① 비변사
② 원수부
③ 홍문관
④ 군국기무처

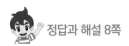

동학 농민 운동 당시 제기된 폐정 개혁안 중 제1차 갑오개혁에 반영된 사례 두 가지를 서술하고, 두 가지 사례가 조선 사회에 끼친 영향을 각각 서술해 보세요.

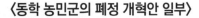

〈동학 농민군의 폐정 개혁안 일부〉

1. 동학교도는 정부와의 원한을 씻고 모든 정치에 협력한다.
2. 탐관오리의 죄를 조사해 엄중히 벌한다.
5. 노비 문서를 불태운다.
7. 젊어서 과부가 된 여성의 재혼을 허락한다.
8. 법으로 정해지지 않은 세금을 일체 거두지 않는다.
12. 토지는 균등히 나누어 경작한다.

06 서로 다른 길을 걷다, 독립 협회와 대한 제국

1896년
독립 협회 창립

1897년
대한 제국 수립

오픈아이

설쌤! 저 머리카락을 자르니 연예인이 된 것 같아요!

풉! 그 정도는 아니거든~

저 사람은 왜 단상 위에 올라가 있나요?

나는 대한의 가장 천한 사람이고…

지금 보고 있는 건 관민 공동회의 모습이야!

관민 공동회요?

누구든지 단상에 오를 수 있어!

그래~ 국가 관리와 백성들이 모여 자유롭게 논의하는 자리 란다!

나도 단상 위에서 장기 자랑이나 해볼까? 잘하면 맛있는 것도 먹을 수 있겠지? 히히

잠깐! 온달이가 어디 갔지?

로빈이도 같이 없어졌어요!

설쌤! 저기 온달이가…

으휴~ 온달이는 못 말려~ 여길 어서 벗어나자!

한판 정리

독립 협회의 창립과 활동

	독립 협회
창립	• 『독립신문』 발간 → 서재필 주도로 창립
활동	• 독립문 건립 • 만민 공동회 개최 → 러시아의 절영도 조차 요구 저지 • 관민 공동회 개최 → 헌의 6조 채택

★ 대한 제국과 광무개혁

	대한 제국
수립	• 고종이 환구단에서 황제로 즉위 • 나라 이름을 대한 제국으로 바꿈
광무개혁	• 대한국 국제 제정 • 지계 발급 • 근대 시설 도입, 회사 설립, 실업학교 설립, 외국에 유학생 파견

이제 이 나라는 대한 제국이다!

황제 폐하 만세!!

설쌤의 한국사 스토리텔링

독립 협회에 대해 알아봅시다

더 알아보기

✳ 독립 협회는 어떻게 창립되었을까?

고종이 러시아 공사관으로 거처를 옮기자 이 틈을 타 여러 나라들이 **조선의 경제적 이권을 빼앗기 시작했어요**. 러시아는 조선의 숲에 있는 나무를 벨 수 있는 권리를, 미국은 조선의 전기와 관련된 이권을 가져가는가 하면, 일본은 조선에 철도를 만들 수 있는 권리를 빼앗아 갔어요.

왕이 궁궐을 버린 것도 모자라 이권을 빼앗기기까지 하자 많은 사람들이 외국의 간섭에서 벗어나기 위해 움직이기 시작했어요. 그중 갑신정변에 참여했던 **서재필**이 미국에서 돌아와 나라의 권리를 되찾기 위한 활동을 시작했답니다.

서재필은 먼저 **『독립신문』이라는 신문을 펴내** 나라의 소식을 백성들에게 알렸는데, 나라의 힘을 키우기 위해서는 백성들의 의식을 높여야 한다고 생각했기 때문이에요. 이후 **서재필을 비롯한 정부의 관리, 개화 지식인들이 모여 독립 협회**를 만들었어요. 독립 협회는 조선의 자주독립을 위한 다양한 활동을 전개했답니다.

✳ **이권**
이익을 얻을 수 있는 권리

▲ 서재필

▲ 독립신문
우리나라 최초의 근대적 민간 신문으로, 한글판과 영문판으로 제작되었어요.

조선을 노리는 나라들이 많나 봐.

오! 조선엔 지금 이런 일이 일어나고 있군.

▲ 독립문

*백정
소나, 개, 돼지 따위를 잡는
일을 직업으로 하는 사람

*침탈
침범해 빼앗음

✱ 독립 협회는 어떤 활동을 했을까?

먼저 독립 협회는 청의 사신을 맞이하던 영은문을 헐고 그 자리에 독립문을 만들기 시작했어요. 이는 더 이상 청의 지배를 받지 않고 완전한 자주독립의 나라로 나아가자는 의지를 나타낸 것이었지요.

또한 독립 협회는 만민 공동회를 열어 모든 백성이 나랏일에 대한 자신의 생각을 자유롭게 이야기할 수 있도록 했어요. 이곳에는 지식인뿐만 아니라 농민, 상인, 학생, 백정* 등 직업과 나이에 상관없이 수많은 사람이 종로에 모여 서로의 생각을 공유했답니다.

특히 만민 공동회는 러시아의 간섭과 침탈*을 강하게 비판했어요. 러시아가 부산의 절영도(현재 영도)를 빌려달라고 요구했었는데, 이를 반대했고 결국 러시아가 요구를 거두어들이기도 했어요.

만민 공동회

1898년 대한 제국 시기 서울의 인구는 약 17만·명으로 추정됩니다. 당시 만민 공동회가 열리면 평균 1~2만 명이 모여들었다고 해요. 놀라운 사실은 만민 공동회가 열리는 날이면 국밥을 파는 사람은 국밥 수백 그릇 양을 가지고 왔다고 해요. 또, 나무꾼들이 기부한 장작을 태워 늦은 밤까지 어두운 밤을 밝혔다고 해요. 그렇기 때문에 만민 공동회를 '장작 집회'라고도 불렀답니다.

✱ 독립 협회는 왜 해산되었을까?

독립 협회는 **관민 공동회**를 열어 정부 관리와 백성들이 나랏일에 대해 이야기하는 장을 마련하기도 했어요. 그리고 **나라의 개혁 방향을 밝힌 헌의 6조를 정부에 건의**하고 고종 황제의 허가를 받기도 했어요. 독립 협회는 헌의 6조에서 백성이 뽑은 의원들이 의회를 구성해 정치에 참여할 수 있도록 해야 한다며 **입헌 군주제를 주장**했답니다.

하지만 고종 황제에게 이러한 독립 협회의 활동이 썩 반갑지는 않았어요. 독립 협회가 주장하는 입헌 군주제는 결국 황제인 고종의 권력을 약화시키자는 것이었거든요. 그러던 중 몇몇 사람들이 고종 황제에게 이렇게 말했어요.

"독립 협회가 황제 폐하를 쫓아내고 공화국을 수립하려고 합니다!"

독립 협회가 자신에게 위협이 될 거라고 판단한 **고종 황제는 결국 강제로 독립 협회를 해산**시키고 말았답니다.

백정 출신 박성춘의 연설

나는 대한의 가장 천한 사람으로 아는 것도 없습니다. ⋯⋯ 나라를 이롭게 하고 백성을 편하게 하려면 관리와 백성들이 마음을 하나로 모아야 합니다.

– 정교, 『대한계년사』 –

헌의 6조의 일부

제1조 외국인에게 의지하지 말고 관민이 힘을 합쳐 전제 황권을 공고히 할 것
제2조 외국과 이권에 관한 조약을 맺을 때는 대신과 중추원 의장이 함께 도장을 찍을 것
제4조 중한 범죄를 재판할 때 피고의 인권을 존중할 것
제5조 황제가 관리를 임명할 때는 정부에 뜻을 물어 동의를 얻을 것

왕이 있는 나라, 왕이 없는 나라

나라를 운영하는 방법에는 크게 두 가지가 있어요. 하나는 왕(군주)과 같은 최고 권력자가 나라를 다스리는 군주정이고, 다른 하나는 왕이 없이 주권을 가진 여러 사람이 나랏일에 참여하는 공화정이에요. 군주정은 다시 왕이 어떠한 방해도 받지 않고 절대적인 권력을 휘두르는 전제 군주정과, 왕이 헌법에서 정한 제한된 권력을 가지고 나라를 다스리는 입헌 군주정이 있답니다. 현재 우리 대한민국은 모든 국민이 주권을 행사하는 민주주의, 즉 공화정의 정치 체제를 취하고 있어요.

중추원 의장

현재의 국회의장을 의미해요.

대한 제국의 수립과 광무개혁에 대해 알아봅시다

 더 알아보기

경운궁
지금의 덕수궁

즉위
임금이 될 사람이 예식을 치른 뒤 임금의 자리에 오름

연호
임금이 즉위한 해에 붙이던 칭호

▲ 환구단
황제가 하늘에 제사를 지내던 곳이에요

▲ 고종 황제

✳ 고종은 왜 대한 제국을 선포하게 되었을까?

고종이 일본의 위협을 피해 러시아 공사관으로 피신해 있던 때였어요. 러시아는 왕을 보호해 준다는 이유로 조선의 정치에 지나치게 간섭했고, 여러 나라의 경제적 침략은 더욱 심해지고 있었지요.

그러자 독립 협회를 비롯한 백성들은 왕이 다시 궁으로 돌아와야 한다고 소리쳤어요. 이에 **고종은 러시아 공사관으로 떠난 지 1년 만인 1897년에 경운궁으로 돌아왔어요**. 그리고 이전과 다른 강력한 나라를 만들어야겠다고 결심했어요.

고종은 환구단에서 스스로 황제로 즉위한 뒤 나라 이름을 대한 제국으로 바꾸고, 광무라는 새로운 연호를 쓰기 시작했어요. 조선은 더 이상 왕이 다스리는 나라가 아니라, 황제가 다스리는 제국으로서 외국의 간섭을 받지 않는 자주적인 나라임을 세상에 널리 알린 것이지요.

✳ 광무개혁에는 어떤 내용이 있을까?

더 알아보기

대한 제국은 고종 황제를 중심으로 여러 근대적 개혁을 추진했어요. 먼저 고종 황제는 **대한국 국제를 반포**해 대한 제국이 어떤 나라도 간섭할 수 없는 자주독립국이며, 모든 권한이 황제인 자신에게 있음을 널리 알렸어요.

대한국 국제 일부

제1조 대한국은 모든 국가가 인정한 자주독립 제국이다.
제2조 대한 제국의 정치는 만세 불변의 전제 정치이다.
제3조 대한국 대황제는 무한한 군권을 누린다.

대한 제국은 **전국에 있는 토지의 소유자가 누군지 조사해 소유권자에게 지계를 발급하는 사업을 실시**했어요. 지계는 토지의 소유를 법적으로 증명해주는 문서로 근대적인 토지 소유 제도랍니다.

또한 고종 황제는 대한 제국의 산업과 기술을 발전시키기 위해 **서양의 근대 시설들을 받아들이고, 근대적 공장과 회사를 세웠어요.** 기술 발전을 위해 외국어·상공업·농업 등을 가르치는 **실업학교를 세웠으며, 외국에 유학생을 보내 근대 산업 기술을 배우도록 하기도 했답니다.**

＊국제
나라의 제도

＊반포
세상에 널리 퍼뜨려 모두 알게 함

＊전제 정치
국가 권력이 왕이나 황제에게 집중되어 국민의 뜻이나 법률의 제약을 받지 않고 실시되는 정치

＊소유자
어떤 것을 자기의 것으로 가지고 있는 자

▲ 지계

오픈아이 한국사를
완성하지 않아도 괜찮아!
광무개혁도 완성되지
못했는걸?

✱ 대한 제국의 개혁을 어떻게 평가할 수 있을까?

　대한 제국의 광무개혁은 외국 세력에 휘둘리지 않고 강력한 자주독립 국
가를 만들고자 한 고종 황제의 의지로 추진되었어요. 이를 통해 다양한 근대
시설들이 대한 제국에 들어왔고, 상공업의 발전을 이루었다는 점에서 성과가
있었어요.

　하지만 다른 나라들이 신분제를 무너뜨리고 평등한 국가를 만들기 위해 나
아가는 상황에서 황제 국가를 수립한 대한 제국은 백성들의 권리를 제대로
살피지 못했어요. 또한 일본이 1904년 러·일 전쟁을 일으켜 대한 제국을 본
격적으로 침략하기 시작하면서 광무개혁은 완성되지 못했다는 한계가 있답
니다.

 이 글의 내용과 일치하면 O표, 일치하지 않으면 X표 해보세요.

❶ 서재필은 정부의 지원으로 『대한매일신보』를 창간하였습니다. 　　　　　　　　(◎ , Ⓧ)
❷ 고종은 환구단에서 황제 즉위식을 올렸습니다. 　　　　　　　　　　　　　　(◎ , Ⓧ)

❶ 다음 활동을 한 단체를 쓰시오.

- 일본을 비롯한 여러 나라의 간섭에서 벗어나 자주
독립을 이루고자 설립되었다.
- 청의 사신을 맞이하던 문이 있던 자리에 독립문을
세웠다.
- 누구나 참여할 수 있는 만민 공동회를 개최하였다.

(　　　　　　　)

❷ 대한 제국이 실시한 개혁 정책의 내용으로 알맞은
것을 두 가지 고르시오. 　　(　 , 　)

① 근대 시설을 없앴다.
② 신분제를 폐지하였다.
③ 외국에 유학생을 보내었다.
④ 강화도 조약을 체결하였다.
⑤ 공장과 회사를 설립하였다.

😵 정답과 해설 8쪽

초능력 Level up 문제

우리학교 객관식 문제

01 (가) 단체에 대한 설명으로 옳은 것은?

> [(가)]은/는 청의 사신을 맞이하던 영은문을 헐고 그 자리에 독립문을 만들었습니다. 또한 [(가)]은/는 만민 공동회를 열어 러시아가 절영도를 빌려달라는 요구를 저지하였답니다.

① 홍범 14조를 반포하였다.
② 군국기무처를 설치하였다.
③ 관민 공동회를 개최하였다.
④ 대한국 국제를 제정하였다.
⑤ 국호를 대한 제국으로 바꾸었다.

02 다음 자료를 제정한 정부가 추진한 개혁으로 옳은 것은?

> 〈대한국 국제〉
> 제1조 대한국은 모든 국가가 인정한 자주독립 제국이다.
> 제2조 대한 제국의 정치는 만세 불변의 전제 정치이다.
> 제3조 대한국 대황제는 무한한 군권을 누린다.

① 지계를 발급하였다.
② 과거제를 폐지하였다.
③ 태양력을 채택하였다.
④ 단발령을 시행하였다.
⑤ 교육입국 조서를 반포하였다.

우리학교 주관식 문제

03 ㉠, ㉡에 들어갈 단어를 쓰시오.

> 고종은 러시아 공사관으로 떠난 지 1년 만인 1897년에 경운궁으로 돌아왔어요. 그리고 (㉠)에서 황제 즉위식을 가진 뒤 나라 이름을 '대한 제국'으로 바꾸었어요. 또한 (㉡)(이)라는 새로운 연호를 쓰기 시작하였어요.

㉠ :   ㉡ :

한국사능력검정시험

04 (가) 시기에 시행된 정책으로 옳은 것은?

기본 61회

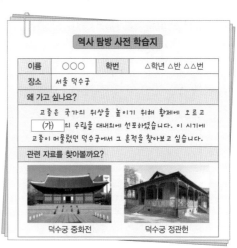

> **역사 탐방 사전 학습지**
>
> | 이름 | ○○○ | 학번 | △학년 △반 △△번 |
> |---|---|---|---|
> | 장소 | 서울 덕수궁 | | |
>
> **왜 가고 싶나요?**
> 고종은 국가의 위상을 높이기 위해 황제에 오르고 [(가)]의 수립을 대내외에 선포하였습니다. 이 시기에 고종이 머물렀던 덕수궁에서 그 흔적을 찾아보고 싶습니다.
>
> **관련 자료를 찾아볼까요?**
>
> 덕수궁 중화전   덕수궁 정관헌

① 지계가 발급되었다.
② 척화비가 건립되었다.
③ 홍범 14조가 반포되었다.
④ 치안 유지법이 제정되었다.

1904년 · 러·일 전쟁
1905년 · 을사늑약 체결
1907년 · 헤이그 특사 파견

오픈아이

한판 정리

일제의 국권 침탈 과정

1904

러 · 일 전쟁

일제의 승리

1905

을사늑약

- 대한 제국의 외교권 박탈
- 통감부 설치(초대 통감 : 이토 히로부미)

1907

헤이그 특사 파견

- 목적 : 을사늑약 체결의 부당함을 알리기 위함
- 파견 : 이준, 이상설, 이위종

고종 황제의 강제 퇴위

대한 제국 군대 해산

1910

한 · 일 병합 조약

대한 제국의 국권 강탈

설쌤의 한국사 스토리텔링

일제의 국권 침탈 과정에 대해 알아봅시다

 더 알아보기

*일제

'일본 제국주의'를 줄인 말로, 다른 나라를 침략해 힘을 키우려 한 일본을 뜻함

✱ 러·일 전쟁의 승리자는 누가 되었을까?

대한 제국이 선포되고 고종은 황제에 올랐지만, 일제는 여전히 한반도를 침략하기 위한 기회를 엿보았어요. 이후 일제는 대한 제국을 침략하는 데 방해가 되는 러시아를 공격해 전쟁을 일으켰어요. 청·일 전쟁이 일어난 지 10년 만에 **러·일 전쟁**이 발생한 것이었어요.

이 전쟁에서 일제는 러시아에 승리를 거두었고, 청과 러시아를 물리친 일제는 한반도를 지배할 권리를 미국과 영국으로부터 인정받게 되었어요. 이로써 대한 제국을 차지하려는 일제에 걸림돌은 아무것도 없게 된 것이지요.

* 을사늑약의 결과는 무엇일까?

 더 알아보기

러·일 전쟁에서 승리한 일제는 대한 제국에 이토 히로부미를 특사로 보냈어요. 이토 히로부미는 고종 황제에게 일본 왕이 쓴 문서를 내밀며 조약을 체결해야 한다고 소리쳤어요. 이 문서를 읽은 고종 황제의 얼굴이 하얗게 질렸어요. 왜냐하면 여기에는 **대한 제국의 외교권을 일본에 넘기고 일본의 보호를 받아야 한다**고 쓰여있었기 때문이에요. 고종 황제는 당연히 이토 히로부미의 요구를 거절했어요.

그러자 이토 히로부미는 궁궐 주변에 일본군을 세우고 고종 황제와 신하들을 총칼로 위협하며 계속해서 조약 체결을 강요했어요. 그럼에도 고종 황제가 조약 체결을 하지 않자 이완용을 비롯한 **5명의 신하가 고종 황제를 대신해 조약을 체결했는데, 이들을 을사오적**이라고 불러요.

그리고 이때 체결된 조약을 '을사년에 강제로 체결된 조약'이라는 뜻에서 을사늑약이라고 해요. 을사늑약에 따라 **일본은 대한 제국의 외교권을 빼앗았으며, 대한 제국의 정치를 통제하기 위한 통감부를 설치**했어요. 그리고 **초대 통감으로 이토 히로부미를 임명**했지요.

* **특사**
특별한 임무를 띠고 파견된 사신

* **외교권**
다른 나라의 간섭을 받지 않고 외국과 교류를 할 수 있는 권리

* **체결**
계약이나 조약 따위를 공식적으로 맺음

* **을사오적**
을사늑약에 찬성하고 서명한 다섯 명의 대신들(이완용, 이지용, 박제순, 이근택, 권중현)

▲ 이완용

을사늑약

제1조 일본 정부는 한국의 외국과의 관계 및 사무를 관리 감독·지휘하고, 일본은 외국에 있는 한국의 신민을 보호한다.

제2조 일본 정부는 한국과 다른 국가 간에 존재하는 조약 실행을 담당하고 한국 정부는 지금부터 일본 정부의 중개를 거치지 않고서는 국제적 성질의 어떤 조약이나 약속을 맺지 않을 것을 서로 약속한다.

제3조 일본 정부는 한국 황제 폐하 밑에 1명의 통감을 두되, 통감은 오로지 외교에 관한 사항을 관리하기 위해 서울에 머무르며, 직접 한국 황제 폐하를 궁중에서 알현할 권리를 가진다.

▲ 헤이그 특사

이날, 목 놓아 통곡하노라!
장지연의 『시일야방성대곡』
우리 대황제 폐하께서 강경하신 성의로 거절하셨으니, 이 조약이 성립되지 않는다는 것은 이토 후작 스스로도 알고 간파했을 것이다. 아, 저 개돼지만도 못한 우리 정부의 대신이란 자들은 …… 사천 년의 강토와 오백 년의 종묘사직을 남에게 들어 바치고 …… 아, 원통하고 분하도다.

✳ 고종 황제는 을사늑약의 부당함을 알리기 위해 무엇을 했을까?

을사늑약이 체결되자 소식을 들은 많은 사람들이 분노했어요. 누군가는 스스로 목숨을 끊어 을사늑약 체결에 항의했고, 누군가는 의병을 일으켜 일제에 맞서기도 했어요.

고종 황제 역시 을사늑약 체결에 분노하며 그것이 옳지 않다는 것을 세계에 알리고자 했지요. 왜냐하면 **을사늑약은 고종 황제의 동의 없이 이루어졌으며, 일제의 강요와 위협에 의해 체결되었기** 때문이에요. 때마침 **네덜란드 헤이그에서 만국 평화 회의가 열리자, 고종 황제는 일제의 눈을 피해 이준, 이상설, 이위종을 특사로 파견**했어요. 일제의 방해로 회의장에 들어가 보지도 못했지만, 이들은 을사늑약이 강제로 체결된 옳지 않은 조약이라는 것을 세계에 알리고자 노력했어요.

고종 황제가 몰래 헤이그에 특사를 파견했다는 사실을 알아차린 일제는 크게 화를 냈어요. 그리고 또다시 이런 일을 꾸미지 못하도록 **고종 황제를 황제의 자리에서 강제로 물러나도록 했어요.** 대한 제국의 마지막 황제인 순종 황제가 고종 황제의 뒤를 이었지만, 이미 대한 제국은 일제의 손바닥 안에 있었답니다.

❋ 결국 일제에 나라를 빼앗기다

고종 황제를 쫓아낸 일제는 완전히 대한 제국을 빼앗기 위해 **대한 제국의 군대까지 해산**시켰어요. 강제로 무기를 반납하고 해산된 군인들은 나라를 지키기 위해 의병에 합류하기도 했답니다.

나라를 지키고자 한 많은 사람들의 노력에도 불구하고, **1910년 8월 29일 일제는 대한 제국을 식민지로 삼는다는 한·일 병합 조약을 발표**했어요. 결국 일제가 대한 제국의 국권을 완전히 빼앗아버린 것이었지요. 35년간 지속되는 일제 강점기가 시작된 순간이었어요.

한·일 병합 조약

한·일 병합 조약에는 한국 황제 폐하는 한국 정부에 관한 모든 통치권을 완전하고 영구히 일본국 황제 폐하에게 건네준다는 조항이 담겨 있어요.

＊**식민지**
정치적·경제적으로 다른 나라의 지배 아래 놓여, 국가로서의 자주적인 권리를 상실한 나라

＊**강점기**
남의 영토(땅), 권리 따위를 강제로 차지한 시기

초능력 온달 ⓞ ⓧ 퀴즈   이 글의 내용과 일치하면 O표, 일치하지 않으면 X표 해보세요.

❶ 청·일 전쟁과 러·일 전쟁 모두 일본이 승리하였습니다. (ⓞ , ⓧ)
❷ 일제는 순종 황제를 강제로 물러나게 하고 대한 제국의 군대를 해산하였습니다. (ⓞ , ⓧ)

초능력 평강 퀴즈

❶ **다음에서 설명하는 조약의 이름을 쓰시오.**

- 고종 황제의 반대에도 불구하고 일제의 강압으로 체결되었다.
- 대한 제국의 외교권이 박탈되었다.
- 통감부가 설치되고 초대 통감으로 이토 히로부미가 임명되었다.

(   )

❷ **일제의 국권 침탈 과정 중 세 번째에 발생한 사실을 고르시오.** (   )

① 고종 황제가 강제로 퇴위되었다.
② 을사늑약을 강제로 체결하였다.
③ 대한 제국의 군대가 해산되었다.
④ 고종이 헤이그에 특사를 파견하였다.
⑤ 일제가 러시아와의 전쟁에서 승리하였다.

🐾 정답과 해설 9쪽

우리학교 객관식 문제

01 (가)에 해당하는 단어로 옳은 것은?

> (가) 의 일부
>
> 제2조 일본 정부는 한국과 다른 국가 간에 존재하는 조약 실행을 담당하고 한국 정부는 지금부터 일본 정부의 중개를 거치지 않고서는 국제적 성질의 어떤 조약이나 약속을 맺지 않을 것을 서로 약속한다.

① 을사늑약
② 헌의 6조
③ 강화도 조약
④ 한 · 일 병합 조약
⑤ 조 · 미 수호 통상 조약

02 다음 〈보기〉의 사실을 순서대로 나열한 것은?

> ── 보기 ──
> ㄱ. 대한 제국 군대 해산
> ㄴ. 헤이그 특사 파견
> ㄷ. 을사늑약 체결
> ㄹ. 고종 황제의 강제 퇴위

① ㄱ-ㄴ-ㄷ-ㄹ   ② ㄴ-ㄱ-ㄷ-ㄹ
③ ㄴ-ㄹ-ㄱ-ㄷ   ④ ㄷ-ㄴ-ㄹ-ㄱ
⑤ ㄷ-ㄴ-ㄱ-ㄹ

우리학교 주관식 문제

03 밑줄 친 '특사'를 파견한 목적을 쓰시오.

> 때마침 네덜란드 헤이그에서 만국 평화 회의가 열리자 고종 황제는 일제의 눈을 피해 이준, 이상설, 이위종을 특사로 파견하였어요.

(   )

한국사능력검정시험

04 밑줄 그은 '이 조약'에 대한 설명으로 옳은 것은?
기본 61회

> 이곳은 네덜란드 헤이그에 있는 이준 열사 기념관입니다. 그는 대한 제국의 외교권을 박탈한 이 조약의 부당함을 세계에 알리기 위해 이상설, 이위종과 함께 만국 평화 회의에 특사로 파견되었습니다.

① 청일 전쟁의 배경이 되었다.
② 최혜국 대우의 조항이 들어있다.
③ 운요호 사건을 계기로 체결되었다.
④ 통감부가 설치되는 결과를 가져왔다.

가로세로 낱말 퀴즈

가로세로 빈칸에 들어갈 낱말을 써 보아요!

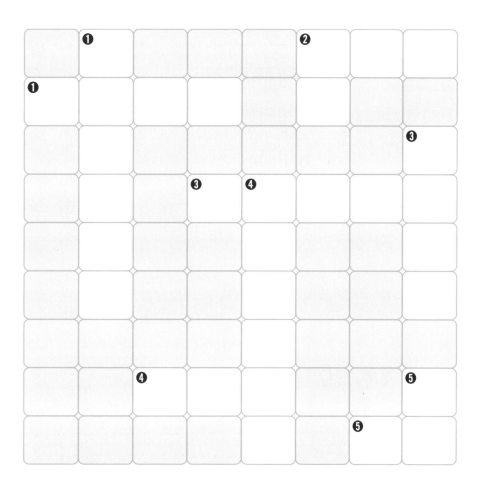

가로 열쇠

❶ 1904년부터 러시아와 일본 사이에 일어난 전쟁
❷ 을사오적 중 한 명으로, 대한 제국의 국권을 일제에 넘기는 데 앞장섰던 인물
❸ 1907년 을사늑약 체결의 부당함을 알리기 위해 네덜란드에서 개최된 만국 평화 회의에 파견된 특사
❹ 일제가 대한 제국의 정치를 통제하고자 을사늑약 체결에 따라 설치한 관청
❺ 대한 제국의 마지막 황제

세로 열쇠

❶ 1910년에 체결되어 대한 제국의 국권을 일제에 넘긴다는 내용의 조약
❷ 이상설, 이위종과 함께 네덜란드 만국 평화 회의에 파견된 특사
❸ 1905년 일제가 대한 제국의 외교권을 박탈한다는 내용이 담긴 조약
❹ 대한 제국에 파견된 초대 통감으로, 안중근에게 저격당하여 사망한 인물
❺ 조선의 제26대 왕이자 대한 제국의 제1대 황제

04 농민들이 꿈꿨던 세상, 동학 농민 운동

고부 민란	제1차 동학 농민 운동	제2차 동학 농민 운동
조병갑의 횡포에 맞서 ❶ ☐ 봉 ☐ 이 주도함	백산 봉기 → 황토현 · 황룡촌 전투 승리 → 전주성 점령 → ❷ ☐ 주 ☐ ☐ 체결(교정청, ❸ ☐ 강 ☐ 설치)	일본의 경복궁 점령, 청 · 일 전쟁 → 동학 농민군 재봉기 → 공주 ❹ ☐ 금 ☐ 전 ☐ 패배 → 전봉준 체포

05 급변하는 조선, 갑오 · 을미개혁

제1차 갑오개혁	제2차 갑오개혁	을미개혁
● ❶ 군 ☐ 기 ☐ 처 설치 ● 과거제 폐지 ● 신분제 폐지	● ❷ ☐ 범 1 ☐ 조 반포 ● ❸ 교 ☐ 입 ☐ 조 ☐ 반포	● 태양력 채택 ● ❹ ☐ 발 ☐ 시행

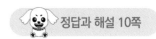

06 서로 다른 길을 걷다, 독립 협회와 대한 제국

독립 협회	대한 제국

● 창립 : ❶ ☐ ☐ 필 주도
 	
● 활동
  - ❷ 만 ☐ ☐ 동 ☐ 개최 → 러시아의
    절영도 조차 요구 저지
  - 관민 공동회 개최 → 헌의 6조 채택
	● 수립
	  - 고종이 ❸ 환 ☐ ☐ 에서 황제로 즉위
	  - 나라 이름을 대한 제국으로 바꿈
	● 광무개혁
	  - ❹ 대 ☐ ☐ 국 ☐ 제정
	  - 지계 발급

07 한 장의 종이 조각에 달린 대한 제국의 운명

러·일 전쟁	을사늑약	❷ 헤 ☐ ☐ ☐ 사 파견	대한 제국 군대 해산	한·일 병합 조약

일제의
승리
	● 대한 제국의
	  ❶ ☐ 교 ☐ 박탈
	● 통감부 설치
		● 목적 : ❸ ☐ ☐ 늑 ☐ 의
		  부당함을 알리기 위함
		● 결과 : 고종 황제의 강제 퇴위
			군대가
			해산됨
				대한 제국의
				국권 강탈

설쌤의 지식 오픈!

66
머리카락을 자를 바엔 내 머리를 자르라!
99

임금이 사는 궁궐 안에서 한 나라의 왕비가 일본에 의해 잔인하게 살해되는 사건이 발생하자 많은 백성들이 분노했어요. 게다가 일본은 일본과 가까운 사람들로 정부를 구성하고 개혁(을미개혁)을 실시하려 했어요. 개혁의 내용 중에는 단발령이 있었는데, 남자들의 상투를 잘라 머리카락을 짧게 깎도록 한 것이었어요. 지금 우리는 아무렇지 않게 미용실에 가서 머리카락을 자르지만, 성리학을 이념으로 삼았던 조선의 선비들은 부모님께서 물려주신 소중한 머리카락을 자르는 것을 큰 불효라고 생각했어요. 을미사변으로 분노에 차 있던 백성들은 을미개혁으로 강제로 머리카락까지 잘라야하자, 결국 곳곳에서 의병을 일으켜 일본에 저항했어요.

웹툰 작가가 되어 동학 농민 운동 때의 모습을 4컷 만화로
그려보세요.

1 **2**

3 **4**

3 " 나라를 지키려는 운동이 전개되고 근대 문물이 유입되다 "

| 1905년 | 1907년 | 1909년 |
| 을사의병 | 정미의병 | 안중근 의거 |

오픈아이

온달아! 역사에 너무 적극적으로개입하면 안돼~

나도 모르게 화가 나서 그만…

화를 식힐 겸 우리 잠시 쉬었다 가자!

자연을 바라보니 마음이 평온해지네요~

너희들은 누구냐?

평강아! 저 사람에게 호랑이가 보여!

저분은 태백산 호랑이 신돌석 의병장님이야!

저도 의병이 되고 싶어요! 무기 하나만 주세요!

이 총을 들어보거라! 생각보다 무거울걸?

생각보다 무겁네요. 설쌤… 저도 나라를 위해 싸우고 싶은데 어떡하죠?

총을 사용하지 않고도 일본에 맞설 수 있어! 그 방법을 알아보러 가볼까?

한판 정리

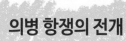

의병 항쟁의 전개

	을미의병	을사의병	정미의병
배경	을미사변, 단발령	을사늑약	고종 황제의 강제 퇴위, 대한 제국의 군대 해산
주도	유학자 및 농민	최익현, 신돌석 등	이인영, 허위 등
특징	단발령 취소와 고종의 명령으로 해산	최초로 평민 출신 의병장 활약 (신돌석)	• 해산된 군인의 합류 • 13도 창의군 조직 → 서울 진공 작전 → 실패

총과 칼을 들고 외적에 맞서자!

의거 활동

안중근

- 연해주에서 의병 조직
- 하얼빈에서 이토 히로부미 저격(1909)
- 『동양평화론』 저술
- 뤼순 감옥에서 순국

항일 의병 항쟁에 대해 알아봅시다

✳ 을미의병은 왜 일어났을까?

일본이 조선 침략을 본격화하며 나라가 위기에 빠지자 전국 각지에서 외적*을 물리치고 나라를 구하기 위한 의병이 일어났어요. 백성들이 나라를 지키기 위해 스스로 총과 칼을 들어 저항했던 거예요.

처음 의병이 일어난 것은 1895년이었어요. 한 나라의 왕비가 궁궐에서 일본 낭인들에 의해 살해된 것도 모자라, 을미개혁으로 단발령까지 시행되면서 백성들의 분노는 극에 달했어요. 특히 성리학을 공부한 선비들을 중심으로 분노가 확산되었지요.

결국 **유학자들을 중심으로 을미사변과 단발령에 반발하는 의병**이 일어났고, 여기에는 동학 농민 운동에 참여했던 농민들까지 참여했어요. 이를 **을미의병**이라고 한답니다.

하지만 얼마 후 일본의 위협을 피해 러시아 공사관으로 피신한 **고종이 단발령을 거두어들이고 의병들에게 흩어질 것을 명령**했어요. 그러자 왕의 명령을 거스를 수 없었던 의병들은 스스로 흩어졌답니다.

> 난 이미 단발이라고~

> 국모를 죽인 것도 모자라 머리카락까지 강제로 자르다니..!

더 알아보기

✳ **외적**
외국으로부터 쳐들어오는 적

국모를 죽이고 머리카락을 자르라니!

국모의 원수로 이미 이를 갈았는데, 참혹함이 더욱 심해져 임금께서 옛 의복을 버리고 양복을 입은 뒤에 또 상투를 자르는 망측한 화를 당했으니, 천지가 뒤집어져 우리 조상 대대로 받은 훌륭한 제도를 이어갈 수 없게 되었다. 우리 부모로부터 받은 몸을 짐승으로 만드니 이 무슨 일이며 우리 부모의 머리카락을 깎았으니 이 무슨 변고인가.

– 유인석 –

✽ 을사의병은 왜 일어났을까?

1905년 **을사늑약**이 체결되며 대한 제국은 외교권을 잃게 되었어요. 이제 대한 제국은 스스로 다른 나라와 외교 관계를 맺지 못할뿐더러, 나라의 모든 일에 일제의 간섭을 받았어요.

나라를 빼앗길 위기에 처하자 분노한 백성들이 전국에서 의병을 일으켰어요(**을사의병**). 의병들은 을사늑약 체결에 반대하며 모여들었고, 선비들이 중심이 되어 일제에 맞섰어요. 대표적으로 **최익현이 제자들과 함께 태인에서 의병을 일으켰지요.**

하지만 을미의병과 달리 을사의병 때는 처음으로 평민 출신 의병장이 활약하기도 했어요. **대표적인 평민 의병장 신돌석은 '태백산 호랑이'라 불리며 경상도와 강원도 일대에서 의병을 이끌었어요.** 나라를 지키기 위한 마음은 양반과 평민 모두 다르지 않았음을 알 수 있답니다.

▲ 최익현

의병을 일으켜 활약했지만, 조선 관군과 마주치자 같은 백성끼리 싸울 수 없다며 의병 활동을 중단하고 체포되었어요. 그 후 쓰시마섬에 유배되어 목숨을 잃었어요.

종이 조각 하나에 나라의 운명이 달라지다니!

오호라. 작년 10월에 저들이 한 행위는 만고에 일찍이 없던 일로서, 한 조각의 종이에 강제로 조인하게 해 5백 년 전해오던 종묘사직이 마침내 하룻밤 사이에 망했으니 …… 이에 격문을 돌리니 모두 무기를 들고 일어서자!

– 최익현 –

✳ 정미의병은 어떻게 의병 전쟁이 되었을까?

1907년 일제는 고종 황제가 헤이그 특사를 파견했다는 이유로 **고종 황제를 강제로 쫓아내고 대한 제국의 군대를 해산**시키기까지 했어요. 백성들의 분노는 커져갔고 의병 활동은 더욱 격렬해졌지요(**정미의병**).

특히 얼떨결에 무기를 빼앗기고 군인 자격을 잃은 **대한 제국의 군인들이 일본군의 공격을 피해 의병에 합류**했어요. 전문적으로 군사 훈련을 받은 군인들의 참여로 의병의 전투력이 더욱 높아졌고, 마침내 **의병들의 활동은 의병 전쟁으로까지 발전**했답니다.

이후 유생*, 군인, 노동자, 농민, 상인 등 다양한 계층이 참여한 전국의 의병들 중 **이인영, 허위 등을 중심으로 13도 창의군**을 조직했어요. 이들은 서울로 진격해 일제를 몰아내려는 '**서울 진공* 작전**'을 세우고 동대문 주변까지 진격했지요. 하지만 일제의 대대적인 탄압*으로 패배했고, 많은 의병이 다치거나 죽었어요. 살아남은 의병 중 일부는 만주와 연해주로 이동해 훗날 독립군이 되었답니다.

▲ 정미의병

*유생
유학을 공부하는 선비

*진공
적을 치기 위해 앞으로 나아감

*탄압
권력이나 무력 따위로 억지로 눌러 꼼짝 못 하게 함

연해주
러시아의 동남쪽 끝에 있는 지역으로, 블라디보스토크가 대표적인 도시예요. 한반도와 가까이 위치해 있어 독립 운동의 근거지가 되기도 했어요.

대한 제국의 군대를 해산시킬 줄이야...

항일 의거 활동에 대해 알아봅시다

더 알아보기

＊원흉
못된 짓을 한 사람들의 우두
머리

▲ 안중근

＊코레아 우라
러시아어로 '대한국 만세'라
는 뜻

＊ 안중근, 한국 침략의 원흉＊이토 히로부미를 처단하다!

나라가 위기에 빠지자, 안중근은 백성의 실력을 키워 나라의 힘을 강하게 만들고자 학교를 설립하고 아이들을 가르쳤어요. 하지만 얼마 뒤 대한 제국의 군대가 강제로 해산되자 학교에서 아이들을 가르치는 활동만으로는 나라를 지킬 수 없다고 생각한 **안중근은 연해주로 떠났어요. 그리고 이곳에서 의병을 조직하고 의병 활동을 이어 나갔지요.**

그러던 중, 1909년의 어느 날 안중근에게 기쁜 소식이 들려왔어요. 대한 제국의 주권을 침탈하는 데 앞장섰던 이토 히로부미가 만주 하얼빈에 올 예정이라는 거예요.

"우리 조국의 적, 이토 히로부미를 내가 죽이겠소!"

안중근은 자신과 뜻을 함께하는 동지 11명과 함께 손가락을 끊어 나라를 구하겠다는 맹세를 나눴어요. 드디어 **이토 히로부미가 하얼빈역에 도착하자 안중근이 품속에 있던 권총을 꺼내 들었지요.** 몇 차례 총소리가 들린 뒤 이토 히로부미가 피를 흘리며 쓰러졌어요. 이를 확인한 안중근은 태극기를 꺼내 외쳤어요.

"코레아 우라! 코레아 우라!＊"

안중근은 그 자리에서 체포되어 일본에 넘겨졌고, 뤼순 감옥으로 옮겨져 일본의 재판을 받게 되었어요.

✳ 누가 죄인인가! 동양의 평화를 꿈꿨던 그, 하늘의 별이 되다.

일본 법정에 선 안중근은 대한 제국의 의병 참모 중장으로서 대한의 독립과 동양의 평화를 위해 의거[✳]를 일으켰다고 당당하게 밝혔어요. 하지만 일제는 이를 무시하고 안중근에게 사형 선고를 내렸지요.

감옥에 갇힌 안중근은 자신이 꿈꾸는 진정한 동양의 평화를 위한 『동양평화론』을 저술하다가 끝내 완성하지 못하고 1910년 3월 뤼순 감옥에서 사형에 처해졌어요.

더 알아보기

✳의거
정의를 위해 개인이나 집단이
의로운 일을 도모함

안중근이 두 동생에게 남긴 유언

내가 죽은 뒤에 나의 뼈를 하얼빈 공원 곁에 묻어 두었다가 우리가 독립이 되거든 고국으로 옮겨다오. 나는 천국에 가서도 마땅히 우리나라의 독립을 위해 힘을 다할 것이다. …… 곧 대한 독립의 소리가 천국에 들려오면, 나는 마땅히 춤을 추며 만세를 부르리라.

초능력 온달 ⭕ ❌ 퀴즈 이 글의 내용과 일치하면 O표, 일치하지 않으면 X표 해보세요.

❶ 을미사변이 일어나고 단발령이 시행되자 유생들을 중심으로 의병이 일어났습니다. (⭕ , ❌)
❷ 을사의병 당시 해산된 군인들이 합류하여 전투력이 높아졌습니다. (⭕ , ❌)

초능력 평강 퀴즈

❶ 다음에서 설명하는 인물의 이름을 쓰시오.

> 1909년 만주 하얼빈역에서 우리나라를 빼앗는 데 앞장선 이토 히로부미를 저격하였다.

(   )

❷ 밑줄 친 '의병'에 대한 내용으로 옳은 것을 고르시오.

(   )

> 1905년 일제는 대한 제국의 외교권을 박탈하고 통감부를 설치하였다. 이에 전국 각지에서 의병이 일어났고, 이들은 조약의 폐기를 요구하며 무장 투쟁을 전개하였다.

① 정부와 전주 화약을 체결하였다.
② 평민 출신 의병장이 활약하였다.
③ 고종의 강제 퇴위에 반발하였다.
④ 강화도에 침입한 프랑스를 물리쳤다.
⑤ 구식 군인의 차별 대우에 반발하였다.

⊛ 정답과 해설 11쪽

초능력 Level up 문제

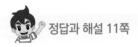정답과 해설 11쪽

우리학교 객관식 문제

01 다음 자료와 관련된 의병에 대한 설명으로 옳은 것은?

> 국모의 원수로 이미 이를 갈았는데, 참혹함이 더욱 심해져 임금께서 옛 의복을 버리고 양복을 입은 뒤에 또 상투를 자르는 망측한 화를 당했으니, 천지가 뒤집어져 우리 조상 대대로 받은 훌륭한 제도를 이어갈 수 없게 되었다.
>
> – 유인석 –

① 서울 진공 작전을 전개하였다.
② 최익현이 의병장으로 활동하였다.
③ 고종 황제의 강제 퇴위에 반발하였다.
④ 최초로 평민 의병장이 활약하였다.
⑤ 고종의 명령으로 해산하였다.

02 다음 중 정미의병의 배경을 〈보기〉에서 고른 것은?

> ┤ 보기 ├
> ㄱ. 을미사변
> ㄴ. 을사늑약
> ㄷ. 고종 황제의 강제 퇴위
> ㄹ. 대한 제국의 군대 해산

① ㄱ, ㄴ　　　② ㄱ, ㄷ
③ ㄴ, ㄷ　　　④ ㄴ, ㄹ
⑤ ㄷ, ㄹ

우리학교 주관식 문제

03 ㉠~㉢에 들어갈 단어를 쓰시오.

> (㉠)은/는 만주 하얼빈에서 이토 히로부미를 저격하였다. 이토 히로부미는 (㉡) 체결의 결과로 설치된 (㉢)의 초대 통감이었다.

㉠ :

㉡ :

㉢ :

한국사능력검정시험

04 밑줄 그은 '이 부대'에 대한 설명으로 옳은 것은?

기본 61회

> ○○에게
> 이보게, 나는 마침내 의병에 합류하였네.
> 황제 폐하께서 강제로 그 자리에서 내려오셔야 했던 사건은 여전히 울분을 참을 수 없게 만드네. 일제가 끝내 우리 군대를 강제로 해산시키는 과정에서 동료들의 죽음을 보며 가만히 있을 수 없었네. 나는 13도의 의병이 모여 조직되고 이인영 총대장이 지휘하는 이 부대에 가담하여 끝까지 나라를 지키려고 하네.
> 자네도 우리와 뜻을 같이하면 좋겠네.
> 옛 동료가

① 서울 진공 작전을 전개하였다.
② 일제의 탄압을 피해 자유시로 이동하였다.
③ 어재연의 지휘 아래 광성보에서 활약하였다.
④ 황푸 군관 학교에서 군사 훈련을 실시하였다.

로빈이와 함께하는 색칠공부

 자유롭게 색칠해 보세요!

오픈아이

한판 정리

애국 계몽 운동의 전개

보안회	신민회
일제의 황무지 개간권 요구 저지	• 조직 : 안창호 · 양기탁 등, 비밀 결사 • 목표 : 공화 정체의 근대 국가 건설 • 교육 : 오산 학교, 대성 학교 • 산업 : 태극 서관, 자기 회사 • 군사 : 신흥 강습소(신흥 무관 학교) • 해체 : 105인 사건

경제적 구국 운동의 전개

	국채 보상 운동(1907)
배경	• 일본에 빚을 짐
전개	• 대구에서 서상돈을 중심으로 시작 • 금주·금연·비녀·가락지 모으기 • 『대한매일신보』등 언론 기관 참여 • 일본 통감부의 방해로 실패

국채 보상 운동

나도 떡 사먹을 돈을 나랏빚을 갚는 데 써야지!

애국 계몽 운동에 대해 알아봅시다

✱ 애국 계몽 운동이란 무엇일까?

일제가 나라를 침략하자 총과 칼을 들고 의병을 일으키거나 의거 활동을 하며 일제에 맞선 사람들이 많았어요. 하지만 근대식 무기로 무장한 일본군에 맞서 싸우는 것은 너무나 힘든 일이었고, 이 과정에서 많은 사람이 죽거나 다쳤어요.

그래서 지식인들은 목숨을 희생하면서까지 일본군과 직접 싸우지 말고 먼저 우리 민족의 실력을 키워 일제에 맞서자고 주장했는데, 이를 **애국 계몽 운동**이라고 해요. 이들은 학교를 설립해 교육 활동을 하거나 회사를 설립해 우리의 산업을 진흥하는 등 민족의 실력을 키우기 위해 노력했답니다.

✱ 보안회는 어떤 활동을 했을까?

1904년 러·일 전쟁이 계속되던 무렵, 일제가 대한 제국의 황무지를 개척해주겠다며 **황무지 개간권을 요구**해왔어요. 황무지란 버려진 거친 땅을 말해요. 일제는 황무지를 농사지을 수 있는 땅으로 바꿔준다며 개간권을 요구했지만, 이는 사실 일제가 대한 제국의 땅을 빼앗으려는 속셈이었어요.

이를 알아차린 **보안회는 일제의 황무지 개간권 요구를 반대하는 운동**을 벌였어요. 적극적인 보안회의 반대 운동에 일제는 결국 황무지 개간권 요구를 취소했답니다.

더 알아보기

✱계몽
지식 수준이 낮은 사람을 가르쳐서 깨우침

✱진흥
떨쳐 일어남

✱개간권
거친 땅이나 버려 둔 땅을 일구어 논밭이나 쓸모 있는 땅으로 만들 수 있는 권리

✱보안회
일제의 황무지 개간권 요구를 반대하기 위해 만든 단체

✳ 신민회는 어떤 활동을 했을까?

을사늑약 체결 이후 일제는 대한 제국을 더욱 탄압했고, 애국 계몽 운동을 펼치던 여러 단체가 해산되었어요. 한편, 1907년 **안창호, 양기탁 등이 중심이 되어 비밀 단체를 조직했으니, 바로 신민회**예요.

신민회는 **우리나라에서 최초로 국민이 나라의 주인이라는 공화정 체제를 바탕으로 한 근대 국가를 건설해야 한다**고 주장했어요.

신민회는 나라를 지키기 위해 교육과 산업을 진흥시켜야 한다고 생각했어요. 그래서 **이승훈은 정주에 오산 학교를, 안창호는 평양에 대성 학교를 세워** 인재를 양성*했지요. 또한 신민회는 여러 회사를 세워 우리 민족의 산업을 육성하고자 했는데, **태극 서관이라는 서점이나 도자기 그릇을 만드는 자기 회사**를 만들기도 했답니다.

하지만 일제의 탄압은 날이 갈수록 심해졌어요. 국내에서 더 이상의 활동은 어렵겠다고 판단한 일부 신민회 간부*들은 만주, 연해주로 건너가 독립운동을 위한 기지를 만들기도 했어요.

특히 손꼽히는 부자였던 이회영과 형제들은 전 재산을 팔아 만주로 건너갔고, 그곳에 신흥 강습소라는 학교를 세웠어요. **신흥 강습소는 이후 신흥 무관 학교로 이름을 바꾸고 수많은 독립군을 길러냈답니다.**

▲ 안창호

＊양성
가르쳐서 유능한 사람을 길러 냄

＊간부
기관이나 조직체 따위의 중심이 되는 자리에서 책임을 맡거나 지도하는 사람

▲ 이회영

✳ 신민회는 왜 해체되었을까?

이렇듯 신민회는 민족의 교육과 산업을 발전시키기 위한 활동뿐만 아니라, 국외에 독립군을 양성하기 위한 무관 학교를 세우는 등 국권 회복을 위해 활발히 활동했어요. 하지만 일제에게는 신민회가 눈엣가시와 같은 존재였지요.

1910년 대한 제국의 국권을 완전히 빼앗은 일제는 신민회를 없애기 위해 한 가지 일을 꾸몄어요. 신민회 회원들이 데라우치 총독[*]을 암살하려 했다며 누명을 씌워, 수백 명의 독립 운동가들을 마구 잡아들이기 시작한 거예요. 일제의 잔인한 고문 끝에 **105명의 신민회 회원들이 감옥에 갇혔고 결국 신민회는 해체**되었어요. 이를 1911년에 일어난 **105인 사건**이라고 한답니다.

✳ 데라우치 총독
조선 총독부의 첫 번째 총독

105인 사건 판결문

주문 피고 윤치호, 양기탁, 이승훈, ⋯⋯ 6명을 각 징역 10년에 처한다.

이유 피고 이승훈은 오산 학교를 창립하고 ⋯⋯ 안창호 등과 서로 호응하여 신민회라 칭하는 한편으로 구(舊) 청국 영토 내에 있던 서간도에 무관 학교를 설립하고 청년에게 군사 교육을 실시하여 ⋯⋯ 국권 회복에 이바지하는 것을 목적으로 비밀 단체를 조직했다.

신민회가 이렇게 없어지다니, 억울하다..!

105인 사건

설쌤의 한국사 스토리텔링

국채 보상 운동에 대해 알아봅시다

 더 알아보기

* **상권**
상업상의 권리

* **국채**
나라가 지고 있는 빚

✱ 나라의 경제를 살리기 위해 어떤 노력을 했을까?

　개항으로 외국과 교역을 시작한 이후 조선 안으로 일본, 청 등 외국 상인들이 물밀듯이 들어오면서 조선의 백성들이 큰 어려움에 빠졌어요. 조선의 쌀이 일본으로 빠져나가 백성들이 먹을 쌀이 부족해졌고, 일본 상인과 청 상인이 조선의 상권*을 두고 경쟁하는 과정에서 조선 상인들은 큰 피해를 입었지요.

　게다가 러·일 전쟁 이후 일제가 본격적으로 대한 제국을 침략하면서 대한 제국에 많은 돈을 빌려주었어요. 여러 근대 시설의 설립을 도와준다는 이유였지만, 사실 식민지를 만드는 데 필요한 시설을 설립하기 위한 것이었지요. 또한 돈을 빌려준 대가로 대한 제국의 경제까지 좌지우지하려고 했습니다.

　결국 1907년에 대한 제국이 일본에 진 빚이 1,300만 원이나 되었다고 해요. 당시로서는 엄청난 양의 돈이었지요. 그러자 **많은 백성들 사이에서 일본에 진 빚을 갚고 경제적인 독립을 이루자는 움직임이 일어났는데, 이를 국채* 보상 운동**이라고 한답니다.

국채 보상 운동

　국채가 1,300만 원이며, 이는 우리 대한 제국의 생존과 멸망에 관계된 일이다. 이를 갚으면 나라를 보존하게 되고 못 갚으면 나라를 잃고 삼천리 강토는 장차 우리나라가 아니게 될 것이다. ……

－『대한매일신보』－

✳ 국채 보상 운동은 어떻게 전개되었을까?

대구에서 서상돈 등의 주도로 시작된 국채 보상 운동은 점차 전국으로 확산되었어요. 남자들은 술과 담배를 끊어 절약한 돈을 모아 냈고, 여자들은 비녀나 가락지* 등을 모아 모금 운동을 전개했어요. 『대한매일신보』와 같은 언론 기관들도 국채 보상 운동을 적극적으로 홍보하며 도왔어요.

운동이 전국에서 전개되자 일제는 조바심이 났어요. 어떻게 하면 국채 보상 운동을 멈출 수 있을까 고민했지요. 고민 끝에 일본 통감부는 『대한매일신보』의 양기탁이 백성들에게 모금한 돈을 몰래 빼돌렸다고 헛소문을 퍼뜨렸어요. 그러자 실망한 사람들이 모금 운동을 점차 그만두었고, 결국 국채 보상 운동은 일제의 방해로 실패하고 말았답니다.

하지만 국채 보상 운동은 전 국민이 일제에 맞서 나라를 지키기 위해 움직였다는 점에서 큰 의미가 있어요.

＊가락지
여자가 장식으로 손가락에 끼는 두 짝의 고리(반지)

국채 보상 운동은 통감부의 방해로 실패! 온달이 공부는 황대감의 방해로 실패!

 **초능력 온달 ⭕❌ 퀴즈** 이 글의 내용과 일치하면 O표, 일치하지 않으면 X표 해보세요.

❶ 일제에 맞서 학교를 세우고 회사를 설립하는 등 애국 계몽 운동이 전개되기도 하였습니다. (⭕ , ❌)

❷ 대한 제국이 진 빚을 갚고자 평양에서 조만식을 중심으로 국채 보상 운동이 시작되었습니다. (⭕ , ❌)

초능력 평강 퀴즈

❶ 밑줄 친 '이 단체'를 쓰시오.

안창호, 이승훈 등은 일제에 반대하여 비밀리에 이 단체를 만들었다. 이 단체는 학교와 회사를 설립하여 민족 교육과 산업을 육성하였으며, 만주에 독립군 기지를 건설하기도 하였다.

( )

❷ 국채 보상 운동에 대한 내용으로 옳은 것을 고르시오. ( )

① 단발령에 반발하였다.
② 급진 개화파가 주도하였다.
③ 만민 공동회를 개최하였다.
④ 언론 기관의 참여로 확산되었다.
⑤ 조선 총독부의 방해로 실패하였다.

😊 정답과 해설 12쪽

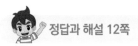

우리학교 객관식 문제

01 다음 자료와 관련된 단체에 대한 설명으로 옳은 것은?

> 〈105인 사건 판결문〉
> • 주문 : 피고 윤치호, 양기탁, 이승훈, …… 6명을 각 징역 10년에 처한다.
> • 이유 : 피고 이승훈은 오산 학교를 창립하고 …… 서간도에 무관 학교를 설립하고 청년에게 군사 교육을 실시했다.

① 독립문을 건립하였다.
② 갑신정변을 주도하였다.
③ 13도 창의군을 조직하였다.
④ 일제의 황무지 개간권 요구를 저지하였다.
⑤ 공화 정체의 근대 국가를 건설하고자 하였다.

02 다음 자료와 관련된 운동에 대한 설명으로 옳은 것을 〈보기〉에서 고르면?

> 국채가 1,300만 원이며, 이는 우리 대한 제국의 생존과 멸망에 관계된 일이다. 이를 갚으면 나라를 보존하게 되고 못 갚으면 나라를 잃고 삼천리 강토는 장차 우리나라가 아니게 될 것이다.

> ┤ 보기 ├
> ㄱ. 대구에서 시작되었다.
> ㄴ. 을미사변이 원인이 되었다.
> ㄷ. 최익현과 신돌석 등이 주도하였다.
> ㄹ. 대한매일신보 등 언론 기관이 참여하였다.

① ㄱ, ㄴ   ② ㄱ, ㄹ   ③ ㄴ, ㄷ
④ ㄴ, ㄹ   ⑤ ㄷ, ㄹ

우리학교 주관식 문제

03 애국 계몽 운동과 의병의 차이점에 대해 쓰시오.

_____

_____

_____

 대학수학능력시험

04 밑줄 친 '운동'에 대한 설명으로 옳은 것은?

2023 수능

> **국채 보상 기성회에 관한 보고**
>
> 수신 : 통감
> 발신 : 통감부 경무총장
>
> 요즘 서울에는 국채 보상 기성회를 발기한 자들이 있다. 그 뒤에는 청년회·자강회 등의 단체가 있고, 대한 제국 황실에도 암암리에 지지를 보내는 것 같다. …(중략)… 이들의 목적은 나라가 지고 있는 빚 1,300만 원을 보상하는 것이라고 하지만 실질적인 내용은 국권 회복을 의도하는 반일 운동임은 말할 나위도 없다. 그리고 이보다 앞서 대구에서 유지들이 금연회를 만들어 회원 1인이 1원씩을 내어 2천만 동포가 참여하면 1,300만 원의 국채를 보상할 수 있다고 한 것이 이 운동의 시작이었다.

① 호헌 철폐를 주장하였다.
② 서경 천도를 추진하였다.
③ 동학 교조의 신원을 요구하였다.
④ 대한매일신보 등 언론의 지원을 받았다.
⑤ 일본의 황무지 개간권 요구를 철회시켰다.

가로세로 낱말 퀴즈

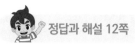

가로세로 빈칸에 들어갈 낱말을 써 보아요!

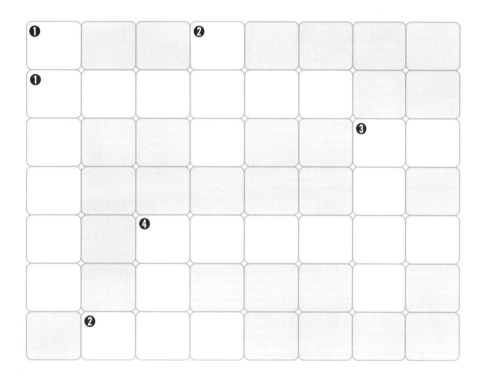

가로 열쇠

❶ 1907년 일본에 진 대한 제국의 빚을 갚기 위해 백성들 사이에서 일어난 경제적 구국 운동

❷ 형제들과 함께 전 재산을 팔고 만주로 망명하여 서전서숙, 신흥 강습소 등을 설치하고 독립운동을 전개한 인물

❸ 대한민국의 광역시 중 하나로 국채 보상 운동이 발생한 지역

❹ 독립군을 양성하기 위해 만주에 세워진 무관 학교로, 이전에는 신흥 강습소로 불림

세로 열쇠

❶ 교육이나 산업 등 민족의 실력을 키워 일제에 맞서고자 한 운동

❷ 1907년 전개된 국채 보상 운동을 주도한 인물

❸ 안창호가 평양에 세운 학교

❹ 안창호, 양기탁 등이 1907년 조직한 비밀 단체로, 우리나라에서 최초로 공화정 체제를 주장함

오픈아이

한판 정리

근대 문물의 수용

	1880년대	1890년대	1900년대
의료	• 광혜원(제중원)	-	• 세브란스 병원
전기 · 교통	• 경복궁에 전등 설치	• 전화 • 전차 • 철도 : 경인선	-
교육	• 원산 학사 • 육영 공원 • 이화 학당	• 교육입국 조서 반포	• 신민회 : 오산 학교, 대성 학교
건축 · 기타	-	• 명동 성당	• 손탁 호텔 • 덕수궁 석조전 • 원각사

한판 정리

언론 기관의 발달

한성순보	• 박문국에서 발행한 최초의 신문 • 순 한문으로 열흘에 한 번씩 발행
독립신문	• 서재필이 발행한 최초의 순 한글·민간 신문 • 한글판과 영문판 발행
대한매일신보	• 양기탁, 베델 발행 • 항일 의병 운동에 호의적 • 국채 보상 운동 지원

설쌤의 한국사 스토리텔링

근대 문물의 수용에 대해 알아봅시다

✳ 근대식 병원에는 어떤 것들이 있을까?

개항 이후 외국의 문물이 조선으로 들어오면서 이전과 다른 사회 모습이 만들어졌어요. 1885년에는 미국에서 온 선교사 **알렌의 건의로 우리나라 최초의 근대식 병원인 광혜원이 만들어졌어요.** 이후 광혜원은 이름을 제중원으로 바꾸었고, 1900년대에 세브란스 병원이 되었답니다.

✳ 전기와 교통, 눈에 띄게 달라진 거리의 모습!

드디어 조선에서도 전기가 사용되기 시작했어요. **경복궁 안에 처음으로 전등이 설치**되었고, 곧이어 거리에 설치된 가로등에 불이 들어오며 깜깜한 밤에도 사람들이 활동할 수 있게 되었어요.

또한 이때 **우리나라에 처음으로 전화가 설치**되어 먼 곳에 있어도 소식을 주고받을 수 있게 되었답니다. 고종 황제의 전화를 받는 신하들은 전화기 앞에 무릎을 꿇고 예의를 갖췄다고 해요.

교통에도 많은 변화가 있었어요. 거리의 도로를 정비하고 **청량리와 서대문 사이를 지나는 전차를 운행**했지요. 전차는 전기의 힘으로 움직이는 교통수단이랍니다. 또 **서울의 노량진부터 인천의 제물포를 연결한 우리나라 최초의 철도, 경인선**이 완성되어 먼 곳까지 편리하게 이동할 수 있게 되었어요.

더 알아보기

▲ 광혜원(제중원)

전화

이 당시에 전화를 '덕률풍'이라고 불렀어요. 이는 전화의 영어 이름인 '텔레폰'을 한자식으로 표현한 것이에요.

▲ 전차

▲ 경인선 개통식

✱ 근대적 교육은 어떻게 시작되었을까?

수많은 외국 세력이 조선으로 들어오자 많은 사람들은 근대적 지식을 갖춘 인재를 길러내야 외국 세력의 침입을 막을 수 있다고 생각했어요. 그래서 근대 학문의 교육을 위한 학교를 설립하기 시작했지요.

우리나라 최초의 근대적 사립학교는 1883년 원산에 세워진 원산 학사예요. 이곳에서 수학, 과학, 외국어 등 근대 학문과 무예를 가르쳤답니다. 조선 정부 역시 근대 학문의 교육을 위해 학교를 세웠는데, 그건 바로 **1886년 우리나라 최초의 근대적 공립학교인 육영 공원**이에요. 육영 공원에서는 헐버트 등 외국인 교사를 불러 학생들에게 영어를 가르치기도 했어요.

뿐만 아니라 외국에서 건너온 선교사들도 근대 학교를 세워 교육을 실시했어요. 특히 **선교사 스크랜튼이 설립한 이화 학당은 우리나라 최초의 여성 교육 기관**으로, 그동안 교육에 있어 차별받았던 여성들도 학교에 다닐 수 있게 되었답니다.

✱**사립**
개인이 설립해 운영함

✱**공립**
국가가 설립해 운영함

✱**선교사**
기독교를 전파하고자 외국에 파견된 사람

이화 학당

우리 여학생들도 학당을 다닐 수 있게 되었어!

✳ 1890년대 이후에는 어떤 학교들이 만들어졌을까?

갑오개혁 때에는 고종이 교육입국 조서를 반포했어요. 이로 인해 근대적 인재를 양성하기 위한 한성 사범 학교가 설립되었고, 여러 학교들이 잇따라 세워졌어요.

1905년 을사늑약 체결 이후에는 애국 계몽 운동을 펼쳤던 **신민회가 오산 학교, 대성 학교를 설립**해 교육을 이어 나갔답니다.

✳ 이국적인 도시의 풍경! 어떤 건축물들이 세워졌을까?

점차 도시에는 새로운 모습의 서양식 건축물들이 세워지기 시작했어요. **서울에 고딕 양식의 명동 성당**이 건립되었으며, **우리나라 최초의 서양식 호텔인 손탁 호텔**이 세워졌지요. 유럽의 궁전 건축양식을 보여주는 화려한 모습의 **덕수궁 석조전**도 있답니다.

문화 예술 분야에서도 여러 가지 변화가 일어났는데, **1908년에는 우리나라 최초의 서양식 극장인 원각사**가 세워져 여러 연극이 공연되었어요.

▲ 대성 학교

고딕 양식이란?

12세기에 유럽에서 생긴 건축 양식으로, 하늘 높이 치솟은 뾰족한 탑 등이 특징이에요.

▲ 명동 성당

▲ 덕수궁 석조전

이게 명동 성당이에요?

새로 지어진 서양식 건축물들이야!

언론 기관의 발달에 대해 알아봅시다

더 알아보기

＊매체
어떤 소식이나 사실을 널리 전달하는 물체나 수단

＊박문국
1883(고종 20년)에 설치되어 신문이나 잡지의 편찬과 인쇄에 관한 일을 맡아보던 기관

▲ 한성순보

▲ 독립신문

＊ 우리나라에서 최초로 만든 신문은 무엇일까?

조선 정부가 개화 정책을 시작하면서 백성들에게 개화 사상이 무엇인지 소개하고 국내외의 소식을 전할 매체＊가 필요했어요. 그래서 **1883년 우리나라 최초의 근대적 신문인『한성순보』가 박문국＊에서 발행**되었답니다. 『한성순보』는 **순 한문으로 열흘에 한 번씩 발행**되었으며, 정부의 개화 정책을 홍보하거나 국내외의 소식을 백성들에게 알려주었어요.

＊ 우리나라 최초의 민간 신문은 무엇일까?

『한성순보』가 정부의 주도로 만들어진 신문이라면, 『**독립신문』은 일반 백성들을 대상으로 발행된 최초의 민간 신문**이에요. 미국에서 돌아온 **서재필**이 1896년부터 발행한 『독립신문』은 한쪽에는 일반 백성들이 쉽게 읽을 수 있도록 한글로 제작했고(**한글판**), 또 다른 쪽에는 대한 제국의 사정을 외국에 알리기 위해 영문으로 만들었어요(**영문판**).

✻ 『대한매일신보』는 어떻게 일제를 비판하는 기사를 실었을까?

러·일 전쟁이 발생하고 일제가 대한 제국을 향한 침략 의지를 노골적으로 표현하던 무렵, 『대한매일신보』라는 신문이 만들어졌어요. **『대한매일신보』는 양기탁과 영국인 베델이 힘을 모아 창간**한 것으로 일제를 비판한 기사들을 많이 실었어요. 항일 의병 운동을 좋게 표현한 기사를 싣거나, **1907년 국채 보상 운동이 일어나자 이를 적극적으로 도와주기도 했지요.**

일제의 감시와 탄압이 심했던 이 시기에 『대한매일신보』가 비교적 자유롭게 활동할 수 있었던 이유는 무엇이었을까요? 바로 영국인 베델이 만든 신문이었기 때문에 일제가 함부로 『대한매일신보』를 탄압하기 어려웠던 거예요. 『대한매일신보』는 우리 백성들의 애국심을 높이고 항일 독립 정신을 깨우쳐 주는 데 큰 역할을 했답니다.

▲ 대한매일신보

▲ 베델

초능력 온달 ⭕❌ 퀴즈   이 글의 내용과 일치하면 O표, 일치하지 않으면 X표 해보세요.

❶ 개항 이후 새로운 문물이 들어오면서 사람들의 생활 모습이 변화하였습니다.   (○ , X)

❷ 1880년대에 최초의 서양식 병원인 원각사가 설립되었습니다.   (○ , X)

초능력 평강 퀴즈

❶ 다음에서 설명하는 학교의 이름을 쓰시오.

> • 선교사 스크랜튼이 설립한 학교다.
> • 우리나라 최초의 여성 교육 기관이다.

(   )

❷ 근대 언론 기관에 대한 내용으로 옳은 것을 고르시오.

(   )

① 박문국에서 독립신문을 창간하였다.
② 독립신문은 우리나라 최초의 신문이다.
③ 한성순보는 영문판으로도 발행되었다.
④ 서재필의 주도로 한성순보가 발행되었다.
⑤ 영국인 베델이 대한매일신보를 발행하였다.

😊 정답과 해설 13쪽

초능력 Level up 문제

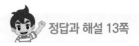정답과 해설 13쪽

우리학교 객관식 문제

01 다음 자료에 해당하는 교육 기관으로 옳은 것은?

> 1886년 설립된 우리나라 최초의 근대적 공립학교로 헐버트 등 외국인 교사를 불러 학생들에게 영어를 가르쳤습니다.

① 광혜원　　　　② 원산 학사
③ 육영 공원　　　④ 대성 학교
⑤ 한성 사범 학교

02 (가) 신문에 대한 설명으로 옳은 것은?

> 사진 속 인물은 영국인 베델입니다. 그는 양기탁과 함께 (가) 을/를 창간하였습니다. (가) 에는 일제를 비판한 기사와 항일 의병 운동을 좋게 표현한 기사들이 많이 실렸습니다.

① 박문국에서 발행하였다.
② 순한문으로 발행되었다.
③ 열흘에 한 번씩 발행되었다.
④ 국채 보상 운동을 지원하였다.
⑤ 우리나라 최초의 민간 신문이다.

우리학교 주관식 문제

03 ㉠, ㉡에 들어갈 단어를 쓰시오.

> 1885년에는 미국에서 온 선교사 알렌의 건의로 우리나라 최초의 근대식 병원인 (㉠)이/가 만들어졌어요. 이후 (㉠)은/는 이름을 (㉡)(으)로 바꾸었고, 1900년대에 세브란스 병원이 되었답니다.

㉠ :　　　　　　　　　㉡ :

한국사능력검정시험

04 밑줄 그은 '이 신문'에 대한 설명으로 옳은 것은?

기본 63회

① 천도교의 기관지였다.
② 박문국에서 발간하였다.
③ 한글판과 영문판으로 발행되었다.
④ 시일야방성대곡이라는 논설을 실었다.

개항 이후 유입된 근대 문물이 조선 사회에 끼친 영향을 서술하시오.
(예: 최초의 서양식 병원인 광혜원(제중원)이 만들어지면서 조선의 의료 기술이 발전하였다.)

08 나라를 지키고자 한 백성들의 노력

의병			의거
을미의병	을사의병	정미의병	안중근
●배경 : ❶◯미◯변, 단발령 ●특징 : 고종의 명령으로 해산	●배경 : ❷◯◯◯약 ●특징 : 최초로 평민 출신 의병장 활약(신돌석)	●배경 : 고종 황제의 강제 퇴위, 대한 제국의 군대 해산 ●특징 : 13도 창의군 조직 →❸◯울◯◯ 작◯전개	하얼빈에서 이토 히로부미 저격

09 우리의 실력을 키워 일제에 맞서자

애국 계몽 운동		국채 보상 운동
❶◯안◯	신민회	
일제의 황무지 개간권 요구 저지	●조직 : 안창호 · 양기탁 등 ●목표 : ❷공◯◯체 의 근대 국가 건설 ●교육 : 오산 학교, 대성 학교 ●산업 : 태극 서관, 자기 회사 ●군사 : 신흥 강습소(신흥 무관 학교) ●해체 : ❸◯0◯인◯사◯	●전개 : ❹대◯ 에서 서상돈 중심 ●특징 : 『대한매일신보』 등 언론 기관 참여 ●결과 : 일본 통감부의 방해로 실패

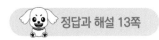

10 근대 문물의 도입으로 일어난 변화

근대 문물의 수용	언론 기관의 발달
●우리나라 최초의 서양식 병원 : ❶ ☐ 혜 ☐ (제중원) ●우리나라 최초의 근대식 사립학교 : ❷ ☐ ☐ 학 ☐ ●우리나라 최초의 근대식 공립학교 : 육영 공원 ●우리나라 최초의 서양식 호텔 : 손탁 호텔 ●우리나라 최초의 서양식 극장 : 원각사	●❸ ☐ 성 ☐ 보 : 박문국에서 발행한 최초의 신문 ●❹ 독 ☐ ☐ ☐ : 서재필이 발행한 최초의 민간신문 ●대한매일신보 : 국채 보상 운동 지원

우리나라 최초의 여성 의병, 윤희순

'우리 의병 도와주세. 우리나라 성공하면 우리나라 만세로다. 우리 안사람 만만세로다.' 마을의 여성들을 모아 의병 활동을 한 여성 의병 대장 윤희순이 지은 '안사람 의병가'의 구절이에요. 윤희순은 '안사람 의병가', '병정의 노래' 등 의병을 주제로 여러 노래를 지어 의병의 사기를 높이려 했어요. 또한 남자들과 마찬가지로 군사 훈련을 하고 화약과 탄약을 만드는 등 항일 투쟁에 적극적으로 참여했어요. 일제가 국권 침탈을 본격화한 이 시기에는 이렇듯 여성, 노동자와 농민, 상인 등 각계각층의 사람들이 힘을 모아 나라를 지키려 노력했답니다.

오늘날 계속해서 새로운 문물이 발명되고 있습니다. 100년 뒤 나의 후손에게 소개하고 싶은 최신 문물을 그림과 글로 표현해 보세요.

설명 • 이름 :

• 특징 :

미래의 나에게 편지를 써봐

에게

_____

설민석의 초등 **한국사** ④

정답과 해설

오픈아이

설민석의 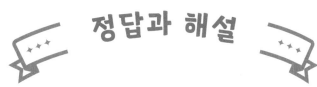 한국사 ④

정답과 해설

1 외국 세력이 조선에 영향력을 행사하다

01 서양과 친하게 지내는 것은 나라를 파는 것이다, 흥선 대원군

초능력 온달 OX 퀴즈 ❶ O ❷ X 흥선 대원군은 서양과의 교류를 반대하는 척화비를 전국에 세웠다.

초능력 평강퀴즈 ❶ ㉠ 프랑스 ㉡ 미국 ❷ ③

1. 1866년 프랑스가 조선을 침략한 병인양요가 일어났으며, 1871년 미국이 조선을 침략한 신미양요가 발생하였다.

2. 조선 정조가 수원 화성을 건설하였다.

초능력 Level up 문제

> 01 ①
> 02 ③
> 03 (1) 당백전 (2) 물가가 상승하였다.
> 04 ③

01 흥선 대원군의 정책

정답 찾기

① ㄱ. 흥선 대원군은 왕권 강화를 위해 경복궁을 중건하였다.
　ㄴ. 흥선 대원군은 호포제를 실시해 양반들에게도 군포를 걷었다.

오답 피하기

ㄷ. 조선 영조가 탕평책의 정신을 알리기 위해 탕평비를 건립하였다.
ㄹ. 조선 정조 때 법전인 『대전통편』을 편찬하였다.

02 신미양요

자료 분석

'어재연 장군의 수(帥) 자기', '제너럴 셔먼호 사건이 원인이 되어 미국이 강화도를 침입' 등을 통하여 (가) 사건이 신미양요임을 알 수 있다.

정답 찾기

③ 1871년 미국이 제너럴 셔먼호 사건을 빌미로 강화도로 침입하였다(신미양요).

오답 피하기

① 1866년 천주교 신자를 탄압한 병인박해가 발생하였다.
② 1866년 병인박해를 빌미로 프랑스가 강화도를 침입한 병인양요가 발생하였다.
④ 흥선 대원군 집권기에 경복궁이 중건되었다.
⑤ 1868년 독일 상인 오페르트가 흥선 대원군의 아버지인 남연군의 묘를 파헤쳐 시신을 꺼내려 한 사건이 발생하였다(오페르트 도굴 사건).

03 당백전 발행

(1) 흥선 대원군은 경복궁을 중건하기 위해 상평통보보다 100배의 가치가 있는 당백전을 새로 발행하였다.
(2) 당백전 발행으로 화폐 가치가 떨어져 물가가 상승하는 결과를 가져왔다.

04 병인양요

자료 분석

'프랑스군이 약탈해 간 외규장각 의궤' 등을 통해 (가) 사건이 병인양요(1866)임을 알 수 있다.

정답 찾기

③ 병인양요 당시 양헌수 부대가 정족산성에서 활약하였다.

오답 피하기

① 임오군란, 갑신정변 등이 청군의 개입으로 진압되었다.
② 제너럴 셔먼호 사건을 빌미로 신미양요(1871)가 일어났다.
④ 임오군란(1882)의 결과 제물포 조약이 체결되었다.

예시 답안

내가 흥선 대원군이었다면 서양과 교역을 하였을 것이다. 왜냐하면 서양의 발달된 문화가 조선에 들어온다면 조선도 발전할 수 있기 때문이다.

나도 흥선 대원군처럼 서양과 교역하지 않았을 것이다. 서양의 문화가 조선에 들어오면서 문화적 차이 때문에 사회가 혼란해질 수 있기 때문이다.

02 불평등 조약으로 인한 불행의 시작

초능력 온달 OX 퀴즈 ❶ X 운요호 사건을 계기로 조선은 일본과 강화도 조약을 체결하여 개항하였다. ❷ O

초능력 평강퀴즈 ❶ 강화도 조약 ❷ ②

1. 1876년 조선은 일본과 강화도 조약을 맺고 개항하였다.
2. 강화도 조약과 조·미 수호 통상 조약은 모두 조선에 불리한 내용이 담긴 불평등 조약이다.

초능력 Level up 문제

01 ③
02 ⑤
03 (1) 조·미 수호 통상 조약 (2) 최혜국
04 ①

01 강화도 조약

자료 분석

1876년 조선은 일본과 강화도 조약을 체결하여 부산을 비롯한 3개 항구를 개항하였다.

정답 찾기

③ 조·미 수호 통상 조약의 영향으로 미국에 보빙사가 파견되었다.

오답 피하기

① 강화도 조약에는 일본이 조선의 해안을 측정할 수 있는 해안 측량권이 포함되어 있다.
② 강화도 조약은 운요호 사건을 계기로 체결되었다.
④ 강화도 조약은 조선이 외국과 체결한 최초의 근대적 조약이다.
⑤ 강화도 조약에는 치외 법권 등 조선에 불리한 내용이 포함되어 있다.

02 조·미 수호 통상 조약의 체결 배경

자료 분석

보빙사는 미국에 파견된 사절단으로, 조·미 수호 통상 조약(1882)을 계기로 파견되었다. 따라서 (가) 조약은 조·미 수호 통상 조약이다.

정답 찾기

⑤ 김홍집이 들여온 황준헌의 『조선책략』을 계기로 조·미 수호 통상 조약이 체결되었다.

오답 피하기

① 병인박해를 계기로 병인양요가 발생하였다(1866).

② 운요호 사건을 계기로 강화도 조약이 체결되었다(1876).

③ 독일 상인 오페르트가 통상 수교를 요구하며 남연군 묘를 도굴하였다(1868).

④ 제너럴 셔먼호 사건을 계기로 신미양요가 발생하였다(1871).

03 조·미 수호 통상 조약

(1) 1882년 조선은 미국과 조·미 수호 통상 조약을 체결하며 서양 국가와 최초로 근대적 조약을 체결하였다.

(2) 조·미 수호 통상 조약에는 미국에 유리한 혜택을 주겠다는 최혜국 대우 조항이 포함되어 있었다.

04 운요호 사건

자료 분석

'강화도와 영종도 일대', '조일 수호 조규를 체결' 등을 통하여 (가) 사건이 운요호 사건임을 알 수 있다.

정답 찾기

① 일본 군함 운요호가 강화도와 영종도에 접근한 운요호 사건을 계기로 강화도 조약(조·일 수호 조규)이 체결되었다.

오답 피하기

② 일제가 조작한 105인 사건에 따라 신민회가 해체되었다.

③ 제너럴 셔먼호 사건을 계기로 신미양요가 발생하였다.

④ 독일 상인 오페르트가 통상 수교를 요구하며 남연군 묘를 도굴하였다.

03 개화 정책의 부작용, 임오군란과 갑신정변

초능력 온달 OX 퀴즈 ❶ O ❷ X 급진 개화파가 갑신정변을 일으켰다.

초능력 평강퀴즈 ❶ ㉠ 온건 개화파 ㉡ 급진 개화파 ❷ ③

1. ㉠은 온건 개화파의 주장이며, ㉡은 급진 개화파의 주장이다.

2. (다) 우정총국 개국 축하연을 계기로 갑신정변이 일어났다. – (라) 정변을 일으킨 급진 개화파는 새로운 정부를 구성하고 개혁안을 발표하였다. – (가) 정부의 요청으로 청군이 개입하며 갑신정변은 3일 만에 실패하였다. – (나) 이후 조선을 두고 청과 일본의 경쟁이 심해지자 청과 일본 사이에 톈진 조약이 체결되었다.

초능력 Level up 문제

01 ②

02 ⑤

03 예 (가) 일본에 배상금을 지불한다. (나) 청과 일본이 조선에 군대를 보낼 시 상대 나라에 미리 알린다.

04 ①

01 임오군란의 결과

정답 찾기

② ㄱ. 임오군란이 청에 의해 진압된 이후 청의 내정 간섭이 심화되었다.

　ㄷ. 임오군란의 결과 조선은 일본과 제물포 조약을 체결하고 배상금을 물어냈다.

오답 피하기

ㄴ. 갑신정변의 결과 조선은 일본과 한성 조약을 체결하였다.

ㄹ. 갑신정변의 결과 청과 일본 사이에 톈진 조약이 체결되었다.

02 갑신정변

자료 분석

청에 잡혀간 흥선 대원군 송환 요구, 문벌 폐지, 조세 제도 개혁 등의 내용은 갑신정변을 일으킨 급진 개화파가 주장한 개혁안의 내용이다.

정답 찾기

⑤ 구식 군인에 대한 차별 대우가 원인이 되어 임오군란이 발생하였다(1882).

오답 피하기

① 갑신정변은 청군의 개입으로 3일 만에 실패로 끝났다.

② 우정총국 개국 축하연을 빌미로 갑신정변이 일어났다 (1884).

③ 갑신정변은 김옥균 등 급진 개화파가 주도하였다.

④ 갑신정변의 결과 청과 일본 사이에 톈진 조약이 체결되었다.

03 제물포 조약과 톈진 조약

(가) 임오군란의 결과 조선과 일본 사이에 제물포 조약이 체결되었다. 여기에는 조선이 일본에 배상금을 지불하고 일본 공사관에 일본군 주둔을 허락한다는 내용이 있다.

(나) 갑신정변의 결과 청과 일본 사이에 톈진 조약이 체결되었다. 이에 따라 청군과 일본군이 조선에서 철수하였으며, 이후 조선에 군대를 보낼 시 상대 나라에 미리 알릴 것을 약속하였다.

04 임오군란

자료 분석

'구식 군인들에게 몇 달째 급료도 지불하지 못하였습니다.', '군인들이 궁궐에 들어가 고관들을 살해하였습니다.' 등의 내용을 통해 다음 자료는 임오군란과 관련 있음을 알 수 있다.

정답 찾기

① 차별 대우에 반발한 구식 군인들이 임오군란을 일으켰다.

오답 피하기

② 병자호란의 결과 북벌 운동이 추진되었다.

③ 조선 혁명군은 1930년대 초반 한·중 연합 작전을 전개하였다.

④ 1930년대 농촌을 계몽시키고자 동아일보는 브나로드 운동을 전개하였다.

⑤ 1920년대 일제의 회사령 폐지와 관세 철폐에 반발하여 물산 장려 운동이 일어났다.

배운 내용으로 빈칸 채우기

01 서양과 친하게 지내는 것은 나라를 파는 것이다, 흥선 대원군

① 경복궁 ② 당백전 ③ 호포제
④ 병인박해 ⑤ 어재연

02 불평등 조약으로 인한 불행의 시작

① 강화도 조약 ② 운요호 사건 ③ 조선책략
④ 최혜국 대우 ⑤ 보빙사

03 개화 정책의 부작용, 임오군란과 갑신정변

① 임오군란 ② 제물포 조약 ③ 급진 개화파
④ 우정총국 ⑤ 한성 조약

2 근대 국가를 수립하기 위해 노력했지만, 일제가 침략하다

04 농민들이 꿈꿨던 세상, 동학 농민 운동

초능력 온달 OX 퀴즈 ❶ O ❷ X 동학 농민 운동이 일어나자 정부는 청에 도움을 요청하였다.

초능력 평강퀴즈 ❶ 전봉준 ❷ ③

1. 동학 농민 운동의 지도자로 녹두 장군이라 불렸던 인물은 전봉준이다.
2. 동학 농민군의 개혁안으로, 제2차 동학 농민 운동에서 농민군은 공주 우금치 전투에서 패배하였다.

초능력 Level up 문제

01 ④
02 ⑤
03 ㉠ 동학 ㉡ 인내천
04 ③

01 동학 농민 운동

정답 찾기

④ ㄴ. 제1차 동학 농민 운동의 결과 조선 정부와 동학 농민군은 전주 화약을 체결하였다.
　ㄹ. 제2차 동학 농민 운동 때 동학 농민군은 공주 우금치 전투에서 일본군과 조선 관군에 크게 패배하였다.

오답 피하기

ㄱ. 갑신정변의 결과 청과 일본 사이에 톈진 조약이 체결되었다.
ㄷ. 갑신정변을 일으킨 급진 개화파는 개화당 정부를 수립하고 개혁안을 발표하였다.

02 전주 화약 이후의 사실

자료 분석

제1차 동학 농민 운동 당시 청군과 일본군이 조선에 들어오자 동학 농민군은 조선 정부와 전주 화약을 체결하고 집강소를 설치하였다. 전주 화약 체결 이후의 사실을 고르는 문제이다.

정답 찾기

⑤ 전주 화약을 체결한 정부와 농민군은 청군과 일본군의 철수를 요구하였으나, 일본군은 이를 무시하고 경복궁을 불법으로 점령하였다. 이에 제2차 동학 농민 운동이 발발하였다.

오답 피하기

① 1894년 고부 군수 조병갑의 횡포에 반발하여 전봉준 등 농민들이 고부 민란을 일으켰다. 전주 화약 체결 이전의 사실이다.
② 조·미 수호 통상 조약(1882)의 영향으로 미국에 보빙사가 파견되었다.
③ 조선은 강화도 조약의 체결(1876)의 결과 개항하였다.
④ 제너럴 셔먼호 사건(1866)을 빌미로 미국이 강화도에 침입하는 신미양요가 발생하였다(1871).

03 동학

몰락 양반 최제우가 창시한 ㉠ 동학은 '사람이 곧 하늘이다'라는 ㉡ 인내천 사상을 중요하게 생각하였다.

04 동학 농민 운동

자료 분석

'전봉준' 등을 통해 (가) 사건이 동학 농민 운동임을 알 수 있다.

정답 찾기

③ 제1차 동학 농민 운동의 결과 동학 농민군은 정부와 전주 화약을 체결하고 집강소를 통해 폐정 개혁을 추진하였다.

오답 피하기

① 9서당은 통일 신라의 중앙 군사 제도이다.
② 1920년 김좌진이 이끄는 북로 군정서가 여러 독립군 부대와 연합하여 청산리 전투에서 승리하였다.
④ 임오군란(1882)의 결과 조선은 일본과 제물포 조약을 체결하였다.

05 급변하는 조선, 갑오·을미개혁

초능력 온달 OX 퀴즈 ❶ X 고종과 명성 황후는 러시아를 끌어들여 일본을 견제하고자 하였다. ❷ X 제1차 갑오개혁 때 과거제를 폐지하였다.

초능력 평강퀴즈 ❶ 러시아 ❷ ⑤

1. 청·일 전쟁 이후 러시아를 비롯한 삼국이 일본을 간섭하였으며, 을미사변 이후 고종은 러시아 공사관으로 거처를 옮겼다.

2. 을미사변 이후 을미개혁에 따라 단발령이 시행되었고, 이에 반발한 백성들이 의병을 일으켰다.

초능력 Level up 문제

01 ③
02 ④
03 아관파천
04 ④

01 제1차 갑오개혁

정답 찾기

③ ㄴ. 제1차 갑오개혁 때 과거제를 폐지하였다.
   ㄷ. 제1차 갑오개혁 때 신분제를 폐지하였다.

오답 피하기

ㄱ. 을미개혁 때 단발령을 시행하였다.
ㄹ. 제2차 갑오개혁 때 고종이 교육입국 조서를 반포하였다.

02 제2차 갑오개혁

정답 찾기

④ ㄴ. 제2차 갑오개혁 때 개혁의 방향을 밝힌 홍범 14조를 반포하였다.
   ㄹ. 제2차 갑오개혁 때 발표한 교육입국 조서에 따라 한성 사범 학교 등 근대적 교육 기관을 설립하였다.

오답 피하기

ㄱ. 을미개혁 때 태양력을 채택하였다.
ㄷ. 군국기무처가 설치되어 제1차 갑오개혁을 이끌었다.

03 아관파천

을미사변이 일어나자 신변의 위협을 느낀 고종이 러시아 공사관으로 피신하는 아관파천을 단행하였다.

04 군국기무처

자료 분석

'노비 제도가 폐지', '과거 제도를 없애고' 등을 통하여 제1차 갑오개혁에 대한 내용임을 알 수 있다.

정답 찾기

④ 제1차 갑오개혁을 주도한 기구는 군국기무처이다.

오답 피하기

① 비변사는 조선 시대에 왜와 여진의 침입에 대응하기 위해 설치된 임시 기구이다.

② 원수부는 대한 제국의 광무개혁 때 황제의 군사권을 강화하기 위해 설치한 기구이다.

③ 홍문관은 조선 시대에 설치된 왕의 정책 자문 기구이다.

예시 답안

동학 농민 운동 당시 제기된 폐정 개혁안 중 노비 문서를 불태운다는 내용과 젊어서 과부가 된 여성의 재혼을 허락한다는 내용이 제1차 갑오개혁에 반영되어 신분제가 폐지되고 과부의 재혼이 허용되었다. 신분제가 폐지되면서 양반과 노비의 구분이 없는 평등한 사회가 되었고, 과부의 재혼이 허용되면서 여성에 대한 차별도 완화되었다.

06 서로 다른 길을 걷다, 독립 협회와 대한 제국

초능력 온달 OX 퀴즈 ① X 서재필은 『독립신문』을 창간하였다. ② O

초능력 평강퀴즈 ① 독립 협회 ② ③, ⑤

1. 자주독립을 이루고자 설립된 독립 협회는 독립문을 세우고 만민 공동회를 개최하였다.

2. 대한 제국은 외국에 유학생을 보내 근대 산업 기술을 배우도록 했으며, 근대적 공장과 회사를 세워 산업 기술을 발전시키고자 하였다.

초능력 Level up 문제

01 ③
02 ①
03 ㉠ 환구단 ㉡ 광무
04 ①

01 독립 협회

자료 분석

독립문을 세우고 만민 공동회를 열어 러시아의 절영도 조차 요구를 저지한 (가) 단체는 독립 협회이다.

정답 찾기

③ 독립 협회는 관민 공동회를 개최하였다.

오답 피하기

① 제2차 갑오개혁 때 개혁의 방향을 밝힌 홍범 14조를 반포하였다.

② 군국기무처는 제1차 갑오개혁을 주도하였다.

④ 대한 제국을 선포한 뒤 고종 황제는 대한국 국제를 제정하였다.

⑤ 1897년 고종은 황제로 즉위하고 국호를 대한 제국으로 바꾸었다.

02 광무개혁

자료 분석

대한국 국제는 대한 제국의 고종 황제가 광무개혁 당시 반포하였다.

정답 찾기

① 대한 제국은 근대적 토지 소유 제도를 위해 지계를 발급하였다.

오답 피하기

② 제1차 갑오개혁 때 과거제를 폐지하였다.

③ 을미개혁 때 태양력을 채택하였다.

④ 을미개혁 때 단발령을 시행하였다.

⑤ 제2차 갑오개혁 때 교육입국 조서를 반포하였다.

03 대한 제국

1897년 러시아 공사관에서 돌아온 고종은 ㉠ 환구단에서 황제로 즉위하고 나라 이름을 '대한 제국'으로 바꾸었다. 또한 ㉡ '광무'라는 새로운 연호를 쓰며 광무개혁을 단행하였다.

04 대한 제국

자료 분석

고종이 황제에 올랐다는 내용을 통하여 (가) 시기가 대한 제국임을 알 수 있다.

정답 찾기

① 대한 제국은 근대적 토지 소유 제도를 위해 지계를 발급하였다.

오답 피하기

② 흥선 대원군 집권기인 1871년에 통상 수교 거부의 의지를 담은 척화비가 건립되었다.

③ 제2차 갑오개혁 때 개혁의 방향을 밝힌 홍범 14조가 반포되었다.

④ 1925년 일제는 치안 유지법을 제정하고 독립운동가들을 탄압하였다.

07 한 장의 종이 조각에 달린 대한 제국의 운명

초능력 온달 OX 퀴즈 ❶ O ❷ X 일제는 고종 황제를 강제로 퇴위시킨 뒤 대한 제국의 군대를 해산하였다.

초능력 평강퀴즈 ❶ 을사늑약 ❷ ④

1. 일제의 강압으로 을사늑약이 체결되어 대한 제국의 외교권이 박탈되었다.

2. 러·일 전쟁에서 승리한 일제의 강요로 을사늑약이 체결되자, 고종은 을사늑약의 부당함을 알리기 위해 헤이그에 특사를 파견하였다.

초능력 Level up 문제

01 ①

02 ④

03 을사늑약 체결의 부당함을 알리기 위해

04 ④

01 을사늑약

자료 분석

대한 제국이 일본의 중개 없이 다른 나라와 조약을 체결할 수 없다는 내용으로, 제시된 자료가 대한 제국의 외교권을 박탈한 을사늑약임을 알 수 있다.

정답 찾기

① 을사늑약에 따라 대한 제국의 외교권이 박탈되었다.

오답 피하기

② 독립 협회가 입헌 군주제의 내용을 담은 헌의 6조를 발표하였다.

③ 강화도 조약은 조선이 외국과 맺은 최초의 근대적 조약이자 불평등 조약이다.

④ 한·일 병합 조약에 따라 대한 제국의 국권이 일제에 박탈되었다.

⑤ 조·미 수호 통상 조약은 조선이 서양과 맺은 최초의 근대적 조약이자 불평등 조약이다.

02 일제의 국권 피탈 과정

정답 찾기

④ ㄷ. 1905년 일제의 강요로 을사늑약이 체결되었다.
ㄴ. 1907년 고종 황제는 을사늑약 체결의 부당함을 알리기 위해 헤이그에 특사를 파견하였다.
ㄹ. 일제는 헤이그 특사 파견의 책임을 물어 고종 황제를 강제로 퇴위시켰다.
ㄱ. 고종 황제의 퇴위 이후 일제는 순종 황제를 즉위시키고 대한 제국의 군대를 강제로 해산하였다.

03 헤이그 특사 파견

고종 황제는 을사늑약(1905) 체결의 부당함을 세계에 알리기 위해 헤이그 특사를 파견하였다.

04 을사늑약

자료 분석

'대한 제국의 외교권을 박탈' 등을 통해 '이 조약'이 을사늑약(1905)임을 알 수 있다.

정답 찾기

④ 을사늑약에 따라 대한 제국에 통감부가 설치되었다.

오답 피하기

① 갑신정변의 결과 체결된 톈진 조약은 1894년 발생하는 청·일 전쟁의 배경이 되었다.
② 조·미 수호 통상 조약(1882)에 최초로 최혜국 대우 조항이 포함되었다.
③ 운요호 사건을 계기로 강화도 조약(1876)이 체결되었다.

가로세로 낱말 퀴즈

가로 ❶ 러일 전쟁 ❷ 이완용 ❸ 헤이그 특사 ❹ 통감부 ❺ 순종
세로 ❶ 한일 병합 조약 ❷ 이준 ❸ 을사늑약 ❹ 이토 히로부미 ❺ 고종

배운 내용으로 빈칸 채우기

04 농민들이 꿈꿨던 세상, 동학 농민 운동
① 전봉준 ② 전주 화약 ③ 집강소 ④ 우금치 전투

05 급변하는 조선, 갑오·을미개혁
① 군국기무처 ② 홍범 14조 ③ 교육입국 조서 ④ 단발령

06 서로 다른 길을 걷다, 독립 협회와 대한 제국
① 서재필 ② 만민 공동회 ③ 환구단 ④ 대한국 국제

07 한 장의 종이 조각에 달린 대한 제국의 운명
① 외교권 ② 헤이그 특사 ③ 을사늑약

3 나라를 지키려는 운동이 전개되고 근대 문물이 유입되다

08 나라를 지키고자 한 백성들의 노력

초능력 온달 OX 퀴즈 ❶ O ❷ X 해산된 군인들의 합류로 정미의병의 전투력이 높아졌다.

초능력 평강퀴즈 ❶ 안중근 ❷ ②
1. 안중근이 만주 하얼빈역에서 이토 히로부미를 저격한 의거를 일으켰다.
2. 을사의병 당시 평민 출신 의병장이 활약하였다.

초능력 Level up 문제

01 ⑤
02 ⑤
03 ㉠ 안중근 ㉡ 을사늑약 ㉢ 통감부
04 ①

01 을미의병

자료 분석
일제에 의해 명성 황후가 죽임을 당한 을미사변과 단발령에 반발하였다는 내용을 통해 을미의병임을 알 수 있다.

정답 찾기
⑤ 을미의병은 고종의 명령으로 자진 해산하였다.

오답 피하기
① 서울 진공 작전을 전개한 것은 정미의병이다.
② 을사의병에서 최익현이 의병장으로 활동하였다.
③ 고종 황제의 강제 퇴위에 반발하여 정미의병이 일어났다.
④ 을사의병에서 최초로 평민 의병장이 활약하였다.

02 정미의병

정답 찾기
⑤ ㄷ, ㄹ. 1907년 고종 황제의 강제 퇴위와 대한 제국의 군대 해산에 반발하여 정미의병이 발생하였다.

오답 피하기
ㄱ. 1895년 을미사변에 반발하여 을미의병이 일어났다.
ㄴ. 1905년 을사늑약 체결에 반발하여 을사의병이 일어났다.

03 안중근 의거

㉠ 안중근은 ㉡ 을사늑약 체결의 결과 대한 제국에 설치된 ㉢ 통감부의 초대 통감인 이토 히로부미를 저격하였다.

04 정미의병

자료 분석
고종 황제가 강제로 퇴위되었다는 사실과 일제가 대한 제국의 군대를 강제로 해산시켰다는 내용을 통해 정미의병 당시의 상황임을 알 수 있다. 따라서 밑줄 그은 '이 부대'는 이인영 등의 주도로 결성된 13도 창의군이다.

정답 찾기
① 13도 창의군은 서울 진공 작전을 전개하였으나 실패하였다.

오답 피하기
② 1920년 독립군 연합 부대인 대한 독립 군단은 일제의 탄압을 피하기 위해 자유시로 이동하였다.
③ 1871년 신미양요 때 어재연이 광성보에서 활약하였다.
④ 의열단 단원들은 황푸 군관 학교에 입학하여 군사 훈련을 받았다.

09 우리의 실력을 키워 일제에 맞서자

초능력 온달 OX 퀴즈 ❶ O   ❷ X 대구에서 서상돈을 중심으로 국채 보상 운동이 시작되었다.

초능력 평강퀴즈 ❶ 신민회   ❷ ④

1. 안창호, 이승훈 등은 신민회라는 비밀 결사 단체를 조직하였다.
2. 국채 보상 운동은 『대한매일신보』 등 언론 기관의 참여로 확산되었다.

초능력 Level up 문제

01 ⑤
02 ②
03 애국 계몽 운동은 민족의 실력을 키우는 방법을 제시하였고, 의병은 무력으로 일제에 맞서자고 주장하였다.
04 ④

01 신민회

자료 분석
'105인 사건', '이승훈', '오산 학교' 등을 통하여 신민회와 관련된 자료임을 알 수 있다.

정답 찾기
⑤ 신민회는 우리나라에서 최초로 공화 정체의 근대 국가를 건설하고자 하였다.

오답 피하기
① 독립 협회의 주도로 독립문을 건립하였다.
② 김옥균 등 급진 개화파의 주도로 갑신정변이 발생하였다.
③ 정미의병 당시 이인영 등이 13도 창의군을 조직하였다.
④ 보안회가 일제의 황무지 개간권 요구를 저지하였다.

02 국채 보상 운동

자료 분석
국채 1,300만 원을 갚기 위해 전개된 운동은 국채 보상 운동(1907)이다.

정답 찾기
② ㄱ. 국채 보상 운동은 대구에서 서상돈의 주도로 시작되었다.
　 ㄹ. 국채 보상 운동은 『대한매일신보』 등 언론 기관의 참여로 확산되었다.

오답 피하기
ㄴ. 삼국 간섭 이후 조선 정부가 친러 정책을 추진하자 위협을 느낀 일본이 을미사변을 일으켰다(1895).
ㄷ. 최익현과 신돌석 등의 주도로 을사의병(1905)이 일어났다.

03 애국 계몽 운동과 의병의 차이점

애국 계몽 운동은 먼저 교육 활동이나 산업 진흥을 통해 민족의 실력을 키워 일제에 맞서야 한다고 주장한 반면, 의병은 군대를 조직하여 무력으로 일제에 맞서자고 주장하였다.

04 국채 보상 운동

자료 분석
'국채 보상 기성회', '빚 1,300만 원' 등을 통하여 밑줄 친 '운동'이 국채 보상 운동임을 알 수 있다.

정답 찾기
④ 대구에서 시작된 국채 보상 운동은 대한매일신보 등 언론의 지원을 받아 전국적으로 확산되었다.

오답 피하기
① 6월 민주 항쟁 때 '호헌 철폐', '독재 타도' 등을 주장하였다.
② 고려 시대에 묘청 등 서경 세력은 서경 천도를 주장하였다.
③ 동학을 믿는 사람들은 동학 교조의 신원(신분 복원)을 요구하였다.
⑤ 보안회는 일제의 황무지 개간권 요구를 철회시켰다.

가로세로 낱말 퀴즈

가로 ❶ 국채 보상 운동 ❷ 이회영 ❸ 대구 ❹ 신흥 무관 학교
세로 ❶ 애국 계몽 운동 ❷ 서상돈 ❸ 대성 학교 ❹ 신민회

10 근대 문물의 도입으로 일어난 변화

초능력 온달 OX 퀴즈 ❶ O ❷ X 1880년대에 최초의 서양식 병원인 광혜원(제중원)이 설립되었다.

초능력 평강퀴즈 ❶ 이화 학당 ❷ ⑤

1. 선교사 스크랜튼이 설립한 이화 학당은 우리나라 최초의 여성 교육 기관이다.
2. 영국인 베델이 『대한매일신보』를 발행하였다.

초능력 Level up 문제

01 ③
02 ④
03 ㉠ 광혜원 ㉡ 제중원
04 ③

01 육영 공원

정답 찾기

③ 1886년 우리나라 최초의 근대적 공립학교인 육영 공원이 설립되었다.

오답 피하기

① 1885년 우리나라 최초의 서양식 병원인 광혜원(제중원)이 설립되었다.
② 1883년 우리나라 최초의 근대적 사립학교인 원산 학사가 설립되었다.
④ 신민회의 안창호는 평양에 대성 학교를 설립하였다.
⑤ 제2차 갑오개혁 때 발표된 교육입국 조서에 따라 한성 사범 학교가 설립되었다.

02 대한매일신보

자료 분석

영국인 베델이 양기탁과 함께 창간한 (가) 신문은 『대한매일신보』이다.

정답 찾기

④ 『대한매일신보』는 국채 보상 운동을 지원하였다.

오답 피하기

① 박문국에서 발행된 우리나라 최초의 근대 신문은 『한성순보』이다.
②, ③ 『한성순보』는 순 한문으로 열흘에 한 번씩 발행되었다.
⑤ 우리나라 최초의 민간 신문은 『독립신문』이다.

03 광혜원

1885년에 우리나라 최초의 근대식 병원인 ㉠ 광혜원이 설치되었으며, ㉠ 광혜원은 이후 ㉡ 제중원으로 이름을 바꾸었다.

04 독립신문

자료 분석

'서재필', '우리나라 최초의 민간 신문' 등을 통하여 밑줄 그은 '이 신문'이 『독립신문』임을 알 수 있다.

정답 찾기

③ 『독립신문』은 한글판과 영문판으로 발행되었다.

오답 피하기

① 천도교의 기관지는 『만세보』이다.
② 『한성순보』가 박문국에서 발간되었다.
④ 『황성신문』과 『대한매일신보』에 『시일야방성대곡』이라는 논설이 게재되었다.

역 사 논 술

예시 답안

• 철도가 개통되면서 사람들이 편리하게 먼 거리를 오고 갈 수 있게 되었다.
• 육영 공원이 설립되고 외국인 교사가 학생들을 가르치게 되면서 조선의 학생들이 근대식 교육을 받을 수 있게 되었다.

배운 내용으로 빈칸 채우기

08 나라를 지키고자 한 백성들의 노력
① 을미사변 ② 을사늑약 ③ 서울 진공 작전

09 우리의 실력을 키워 일제에 맞서자
① 보안회 ② 공화 정체 ③ 105인 사건 ④ 대구

10 근대 문물의 도입으로 일어난 변화
① 광혜원 ② 원산 학사 ③ 한성순보 ④ 독립신문

4권을 끝까지 해낸 나의 소감 써보기

memo

memo

하나!

오픈아이

설쌤의 쉽고 재미있는 동영상 강의를
홈페이지에서 만나보세요!

QR코드로 간편하게
접속하세요!

둘!

설쌤과 직접 소통하는
내 손안의 배움 놀이터

지금 앱 다운로드하고 설쌤을 직접 만나세요!

방과 후
PLAY 앱 설쌤

셋!

누구나 쉽고 재미있게!

설민석의 한국사 대모험   설민석의 세계사 대모험

설민석의 초등 한국사 ④

정답과 해설

초등학교

학년   반   번

이름

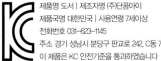

어린이제품 안전 특별법에 의한 기타표시사항

제품명 도서 | 제조자명 (주)단꿈아이
제품국명 대한민국 | 사용연령 7세이상
전화번호 031-623-1145
주소 경기 성남시 분당구 판교로 242, C동 701-2호
이 제품은 KC 안전기준을 통과하였습니다